Wilfried Röhrig

Viele bunte Fäden

Wilfried Röhrig

Viele bunte Fäden

Thematische Kinder- und Familiengottesdienste

Lahn-Verlag Limburg

Die Deutsche Bibliothek – CIP-Einheitsaufnahme

Ein Titeldatensatz für diese Publikation
ist bei Der Deutschen Bibliothek erhältlich.

Wir danken den Autorinnen und Autoren sowie den Verlagen
für die uns freundlicherweise erteilten Abdruckgenehmigungen.
Trotz sorgfältiger Recherche konnten wir nicht in allen Fällen die
Rechteinhaber ermitteln. Wir bitten ggf. um Benachrichtigung.

Gedruckt auf chlorfrei gebleichtem, umweltfreundlichem Papier.

verlags gruppe engagement

Lektorat: Anne Voorhoeve
Umschlagillustration: Nicola Kirsch
Notensatz: Nikolaus Veeser, Schallstadt
Satz: Schröder Media, Dernbach
Druck und Bindung: Koninklijke Wöhrmann, Zutphen
Printed in The Netherlands

ISBN 3-7840-3191-9

Inhalt

Vorwort

Noch ist es etwas ungewohnt, aber unvermeidlich: Wir schreiben das Jahr 2000! Neben und in den vielfältigen profanen Feierlichkeiten der Jahrtausendwende bewegt mich der Gedanke an ein »Heiliges Jahr«, wie es Papst Johannes Paul II. ausgerufen hat. Auf vielen Kerzen, Plakaten und Schriften ist das Logo und Motto zu finden: Sein ist die Zeit. Christus gestern, heute, in Ewigkeit.
Die Menschwerdung Jesu Christi vor 2000 Jahren, seine Geburt, sein Leben und Wirken, schließlich sein Tod und seine Auferstehung sind für uns Christen keine beiläufigen Episoden unserer Weltgeschichte, sondern das entscheidende Datum der Geschichte Gottes mit uns Menschen! Gott hat die Zeit geheiligt, hat sich eingelassen auf unsere Welt, auf unser menschliches Leben mit Freude und Glück, mit Schmerz und Trauer, Hoffnung und Vertrauen, Schuld und Verletzlichkeit, Einsamkeit und gelungener Beziehung, Einmaligkeit und Vergänglichkeit – in Jesus Christus.
Mit der Zeit hat Gott den Sonntag geheiligt. Für Christen ist also der sonntägliche Gottesdienst, die sonntägliche Eucharistiefeier (= »Dankesfeier«) ein wichtiger Knotenpunkt im Leben, im Auf und Ab der Tage. Und mit der Zeit hat Gott das Singen, das Spielen, das Tanzen, das Beten und Feiern geheiligt. Diese Linien treffen aufeinander, wenn wir im sonntäglichen Gottesdienst Lieder singen – nicht irgendwelche, sondern solche, die sich auf Gottes Wort, auf Leben und Botschaft Jesu von Gottes neuer Welt, auf Gottes Wirken in unserem Leben beziehen.
Damit ist der »große Rahmen« abgesteckt für dieses (zweite) Werkbuch und die darin enthaltenen Gottesdienstentwürfe und Lieder. Auch für dieses Buch war mir der Grundsatz wichtig: Lieder stehen im Dienst an Gottes Wort, sind auf ihre Art und Weise Verkündigung (»Mehr als Worte sagt ein Lied«). Sie sind ein wichtiges Medium, um Erfahrungen und Fragen unseres Lebens und Inhalte unseres Glaubens zu be-denken und zu er-leben.

Die Struktur der Entwürfe ist beibehalten:

Zur ersten Orientierung finden sich zu Beginn jedes Gottesdienstmodells

- ein Hinweis zum *Alter* (entsprechend dem »Schwierigkeitsgrad« ist eine Hauptzielgruppe der Kinder angegeben)

- das *Thema* bzw. die wichtigen thematischen Aspekte
- die Angabe der *Bibelstelle* (mit möglichen Alternativen).

Es folgen Vorbemerkungen
- inhaltlicher Art (»*Hinführung*«): »Sitz im Leben« des Themas, Hintergründe, methodische Überlegungen
- zu benötigten *Materialien*
- zu organisatorischen *Vorbereitungen*.

Schließlich folgt der Gottesdienstentwurf mit Gebeten, Liedern, Fürbitten und dem »Eigentlichen«, der *thematischen Erschließung* im Zusammenhang mit dem Text aus der Heiligen Schrift und dem entsprechenden Hauptlied. Die Lieder sind auf der MC und CD »Viele bunte Fäden« erschienen (rigma Musikverlag, CD 105, MC 305; Lahn-Verlag, CD: ISBN 3-7840-2282-0, MC: ISBN 3-7840-2281-2).

Weitere in den Gottesdienstmodellen erwähnte, aber nicht abgedruckte Lieder sind in gängigen Liederbüchern zu finden. Angegeben sind hier
- »Troubadour für Gott«, hrsg. vom Kolping-Bildungswerk Würzburg
- Schwerter Liederbuch »Singt dem Herrn«, hrsg. von Elsbeth Bihler, Walburga Schnock und Hans-Heinz Riepe, BDKJ-Verlag Paderborn.

Ein besonderer Dank gilt wiederum allen aus dem Vorbereitungsteam von St. Marien in Viernheim für die Ideen, Anregungen und für die Gespräche über uns und unseren christlichen Glauben!

Ich hoffe und wünsche, dass die Entwürfe und die neuen »himmlischen Lieder« dazu beitragen, viele bunte Fäden des Glaubens, der Hoffnung und der Liebe zu knüpfen – in unseren Gemeinden, in unseren Familien, in der kleinen und großen Welt!

Viernheim, im Januar 2000

Wilfried Röhrig

Gottesdienstmodelle

1 Dir will ich singen, spielen, tanzen

Alter: 6–10 Jahre

Thema:
Freude, Fest, Tanz
Gott als Quelle unserer Freude
Mirjam / David / Maria von Magdala

Bibelstellen:

Ps 33,1–3	**Jubelt dem Herrn** (oder ein anderes Loblied, z. B. Ps 19,2–5; Ps 34; Ps 66)
Ex 15,19–21	Lied der Mirjam
2 Sam 6,1–6.11–15	David bringt die Bundeslade nach Jerusalem
Mt 28,1–8	Die Botschaft des Engels am leeren Grab

Hinführung

Freude, das Feiern von Festen, Musik und Tanz sind wertvolle und unverzichtbare Seiten unseres Lebens und Glaubens. Im Mittelpunkt unseres christlichen Glaubens steht die »Froh-Botschaft« von der Zuwendung Gottes in Jesus Christus.
Auf der anderen Seite erleben wir die Oberflächlichkeit mancher Feste und Feiern. Und manche christliche Gruppe oder Gemeinde strahlt wenig Freude, Humor, Heiterkeit aus.
In diesem Gottesdienst soll die Freude vertieft werden durch die Besinnung auf den Quell, den Grund unserer Freude: Gott selbst. Drei biblische Beispiele und die damit verbundenen Erfahrungen kommen dabei zur Sprache:

- Mirjam: Mit Gottes Hilfe ist uns etwas geglückt, wir sind einer Gefahr entronnen;
- David bringt die Bundeslade nach Jerusalem: Gott ist unter uns, er hält bei uns Einzug;
- Maria von Magdala und die andere Maria als erste Auferstehungszeugen, als erste Verkünder der Osterbotschaft: Jesus lebt, Gott hat ihn auferweckt.

Diese Freude soll auch sichtbar, erlebbar werden durch Singen und Tanzen.

Materialien

- Collage mit Bildern zum Thema »Freude, Fest, Tanz«
- bunte (Papier-)Bänder
- zwei lange Gewänder, Pauke, Harfe oder harfenähnliches Instrument; evtl. verschiedene Klang- und Rhythmusinstrumente.

Lied: Singt mit uns vor Freude

2. Dankt mit uns vor Freude ...
3. Klatscht mit uns vor Freude ...
4. Stampft mit uns vor Freude ...
5. Lacht mit uns vor Freude ...
6. Tanzt mit uns vor Freude ...

T: Rolf Krenzer M: Siegfried Fietz
Aus: Ich wünsche dir ein gutes Jahr

Gebet

Guter Gott, du hast uns zusammengerufen.
Du hast uns lieb.
Du willst, dass es uns gut geht.
Du willst, dass wir froh sind.
Du willst, dass wir vor dir singen,
beten, klatschen, lachen, tanzen.
Danke für deine Einladung!
Danke für das Geschenk der Freude!
Danke für das Geschenk der Gemeinschaft!
Amen.

Thematische Erschließung 1

Collage mit »Freuden-Bildern« vorzeigen und Situationen beschreiben lassen: Was ist zu sehen? Was machen die kleinen und großen Leute?
Mit den Kindern Beispiele aus unserem Leben zusammentragen: Ich bin froh, wenn ...

L (Leiter/in) spricht:
Freude ist wichtig für unser Leben. Ohne Freude wäre es zu Hause, in der Schule, bei Freunden grau und gar nicht schön. Es wäre kalt in unseren Herzen.
Freude ist wichtig für unseren Glauben. Ohne Freude wäre unser Gottesdienst, unser Beten und Singen, grau und gar nicht schön. Es wäre kalt in unseren Gemeinden und Kirchen.
Die Heilige Schrift, die Gottes gutes Wort und seine frohe Botschaft enthält, spricht an vielen Stellen von der Freude. Eine davon wollen wir jetzt hören.

Lesung (nach Ps 33,1–3)

Jubelt dem Herrn,
ihr alle, die ihr zu ihm gehört!
Es ist gut, wenn wir ihn ehrlich und aufrichtig preisen!
Dankt dem Herrn auf der Laute,
spielt für ihn auf der Harfe!
Singt ihm ein neues Lied,
singt und spielt, gebt euer Bestes!

Thematische Erschließung 2a

L spricht:
Wir werden jetzt von einigen Personen hören. Sie haben zu unterschiedlichen Zeiten gelebt. Sie kommen alle in der Bibel vor. Und bei allen geht es um Gott, um die Freude, die er schenkt, um das Singen und Tanzen vor ihm.

Mirjam, mit langem Gewand und mit einer Pauke in der Hand, spricht:

Ich bin Mirjam, die Schwester des Mose und des Aaron. Ich habe mit meinen Brüdern und mit vielen anderen meines Volkes Israel in Ägypten gelebt. Wir waren Knechte und Sklaven des Pharao. Viele Jahre mussten wir als Bauarbeiter schuften. Große Tempel und Palastanlagen mussten wir errichten. Zwar hatten wir zu essen und zu trinken, aber wir waren nicht frei. Wir waren wie ein Vogel im Käfig gefangen. Gott der Herr hat unser Elend gesehen. Er hat unsere Klagen und Hilferufe gehört. Er hat uns Freiheit versprochen. Meinen Bruder Mose hat er zum Anführer auserwählt. Unter seiner Führung sollten wir losziehen. Bei Nacht und Nebel brachen wir auf, es musste alles sehr schnell gehen. Doch es war sehr gefährlich, denn die Ägypter bewachten ihre Grenze. Es gab viele Wachtposten und Soldaten. Ihre Streitmacht war übermächtig. Doch was keiner für möglich hielt, geschah: Wir entkamen! Gott der Herr führte uns durch die Hand des Mose sicher durch das Schilfmeer. Unsere Verfolger blieben darin stecken und kamen um. Jetzt sind wir endlich frei! Wir sind keine Sklaven mehr! Gott dem Herrn wollen wir danken! Ihm wollen wir ein Lied singen! Ihm zu Ehren wollen wir tanzen!

Die 1. Strophe des Liedes »Dir will ich singen« wird gesungen.

Lied: Dir will ich singen CD/MC 1

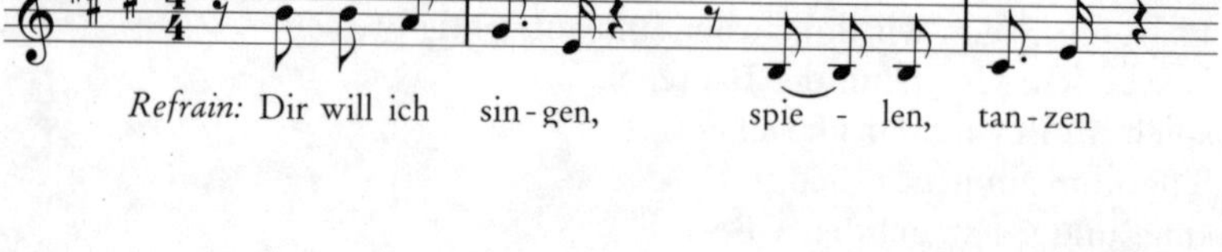

2. Bei Harfenspiel und Posaunenklang
bringt Israel die Lade des Herrn
hinauf in die Stadt nach Jerusalem.
David ruft, dass alle es hörn:

Refrain

3. Die Nacht kaum vorbei, der Tag noch ganz neu,
zwei Frauen zur Stadt unterwegs;
in den Augen ein Glanz, im Herzen ein Lied:
Jesus ist von Gott auferweckt!

Refrain:
Dir wolln wir singen, spielen, tanzen
mit Leib und Seele, mit Herz und Hand.
Du lässt uns leben, du lässt uns atmen.
Dein Lied in uns trägt zu dir uns himmelwärts.

T und M: Wilfried Röhrig
Aus: CD/MC Viele bunte Fäden
Rechte: rigma Musikverlag, Viernheim

Tanzanleitung

Einen großen Kreis bilden. Einige Kinder können die mitgebrachten Klang- und Rhythmusinstrumente zur Hand nehmen und einsetzen.

Takt 1–2: In kleinen Schritten links herum drehen.
Takt 3–4: In kleinen Schritten rechts herum drehen.
Takt 5–6: Die Hände nach oben nehmen, alle bewegen sich zur Mitte hin.
Takt 7–8: Alle gehen wieder rückwärts nach außen und nehmen die Hände zur Seite.

Thematische Erschließung 2b

David, mit langem königlichen Gewand und Harfe, spricht:

Ich bin David, der von Gott erwählte König des Volkes Israel. Ich habe mit Gottes Hilfe schon viele große Taten vollbracht. Ich war erfolgreich im Kampf gegen die Philister. Und ich habe Jerusalem erobert, die Stadt der Jebusiter. Sie galt als uneinnehmbar. Doch mit einer List und Gottes Hilfe ist es mir geglückt, sie einzunehmen. Nun hat das Volk Israel eine neue würdige Hauptstadt. Trotzdem fehlte bis heute etwas ganz Wichtiges hier in unserer neuen Hauptstadt Jerusalem: die Bundeslade. Darin befinden sich nämlich die beiden Tafeln mit den Zehn Geboten, den zehn Weisungen Gottes. Am Berg Sinai hat sie Mose von Gott erhalten, stellvertretend für unser Volk. Sie sind das sichtbare Zeichen, dass Jahwe, unser Gott, mit uns einen Bund geschlossen hat. Er hat sie uns gegeben, damit wir immer daran denken und seinen Bund halten.
Ich selbst habe dafür gesorgt, dass die Bundeslade in einer feierlichen Prozession hier nach Jerusalem kommt. Gott soll sichtbar unter uns wohnen. Und irgendwann in naher Zukunft soll hier ein großer schö-

ner Tempel gebaut werden als würdiger Aufbewahrungsort für die Bundeslade. Heute will ich mich freuen, will ich tanzen mit dem ganzen Volk. Ich will jubeln über die Gebote und Weisungen Gottes. Ich will singen vor Gott, unserem Herrn.

Die 2. Strophe des Liedes »Dir will ich singen« wird gesungen.

Thematische Erschließung 2c

Maria von Magdala spricht (und ist dabei richtig begeistert):

Ich bin Maria von Magdala. Was sich heute Morgen ereignet hat, kann ich immer noch nicht glauben. Es ist einfach unvorstellbar!! Es ist ja heute der erste Tag der Woche, der Tag nach dem Sabbat. Mit einer anderen Frau kam ich in der Morgendämmerung zum Grab Jesu. Da bebte plötzlich die Erde. Und mit einemmal war der Stein vor dem Grab weggewälzt. Ein Engel, ein Bote Gottes, saß mit leuchtendem Gewand vor dem Grab.
Ich kann es immer noch nicht fassen, was der Engel uns verkündet hat: Jesus, der Gekreuzigte, unser Herr und Meister, lebt! Gott hat ihn auferweckt! Er ist nicht mehr bei den Toten! Allen Menschen und allen Freunden Jesu will ich es kundtun: Jesus lebt! Gott hat ihn auferweckt! Er ist ein Gott der Lebenden und nicht der Toten! Halleluja!

Die 3. Strophe des Liedes »Dir will ich singen« wird gesungen.

Fürbitten

Guter Gott, du bist die Quelle unserer Freude. Du lässt uns leben, du lässt uns atmen. Vor dich wollen wir unsere Anliegen bringen:

Lass uns wie Mirjam, Mose und das Volk Israel in schwierigen Situationen auf dich vertrauen!
Gott des Lebens: Wir bitten dich, erhöre uns.

Lass uns dankbar sein, wenn uns etwas geschenkt wird oder wenn uns etwas gelingt!
Gott des Lebens: Wir bitten dich, erhöre uns.

Lass uns wie David und das Volk Israel immer wieder deine Nähe und Gegenwart unter uns feiern!
Gott des Lebens: Wir bitten dich, erhöre uns.

Lass uns immer wieder erfahren: Jesus lebt! Er ist in uns und unter uns in seinem Heiligen Geist!
Gott des Lebens: Wir bitten dich, erhöre uns.

Vater unser

Gebet

Guter Gott, alles liegt in deiner Hand.
Du bist die Quelle des Lebens,
du bist die Quelle der Freude.
Lass uns immer wieder den Weg zu dir finden.
Lass uns deine Freude weiterschenken
mit Leib und Seele,
mit Herz und Hand.
Lass uns Diener deiner Freude sein.
Amen.

Segen

Lied: Mensch sing mit

2. Ein Lied aus der Stille führt den, der es will,
zurück in die Stille, ein Gebet bewirkt viel:
das Leise und das Schöne beginnt zu klingen.
Du hörst neue Töne, die dich weiterbringen.

3. Denn wer Lieder singt, merkt: Musik befreit,
manches, was uns drängt, hat auf einmal Zeit.
Der die Töne schuf, erschuf auch die Zeit,
sein Lied ist ein Ruf aus der Ewigkeit.

T und M: Clemens Bittlinger
Aus: Mensch sing mit

2 Feiert meinen Tag!

Alter: 6–10 Jahre

Thema:
Sonntag – Erfahrungen und Schwierigkeiten
Sabbat/Sonntag als von Gott selbst eingerichteter Tag der »demonstrativen Ruhe« (siebter Schöpfungstag)
Sabbat/Sonntag als Geschenk Gottes, damit Leben gelingt
Versammlung der Christen am Tag der Auferweckung Jesu

Bibelstellen:

Ex 20,1–2.8–11	**Gedenke des Sabbats**
Gen 2,2–3	Am siebten Tag
Dtn 5,12–15	Achte auf den Sabbat

Hinführung

Bereits in der *Erfahrungswelt der Kinder* spielt das »Besondere« des Sonntags eine Rolle: Da gibt es zum einen die Tage mit bzw. ohne Kindergarten oder Schule. Da gibt es die Tage, an denen Papa (und Mama) zur Arbeit gehen und die Tage, an denen das nicht der Fall ist (und sie z.B. mehr Zeit für Kinder und Familie haben). Und da gibt es in Familien den Brauch, am Sonntag – in Unterschied zu den »gewöhnlichen« Wochentagen – in den Gottesdienst zu gehen.

In diesem Gottesdienst sollen folgende *Aspekte des Sonntags / Sabbats* angesprochen und bedacht werden:
Der Sonntag droht verloren zu gehen im Lärm, in der Betriebsamkeit.
Der Sonntag ist gesegnet und geheiligt von Gott: siebter Tag der Schöpfung.
Der Sonntag ist ein Geschenk Gottes an uns; er soll uns zu Freude und Glück verhelfen.
Der Sonntag ist »Tag des Herrn«: Versammlung der Christen am Tag der Auferweckung Jesu.

Materialien

- ein Mikrofon (kann aus einem alten Tennisball und einem kleinen Stab selbst gebastelt werden)

- zwei ausgediente Telefone
- eine alte mechanische Schreibmaschine mit einem Blatt Papier
- ein kleiner Tisch
- ein »Fernseher« aus großem Karton
- eine Polizeimütze
- eine Zeitung mit »letzter Meldung«.

Vorbereitungen

Polizeistelle (Tisch und Schreibmaschine) und Fernsehstudio (Pappkarton-Fernseher) sind aufgebaut; Rollen des szenischen Spiels verteilt.

Lied: Du hast uns, Herr, gerufen
(Troubadour 207)

Gebet

Guter Gott, heute ist Sonntag, dein Tag.
Die Woche über gehen die Erwachsenen ihrer Arbeit nach,
die Schulkinder gehen in die Schule,
die Kindergartenkinder in den Kindergarten.
Heute können wir uns ausruhen,
vieles miteinander unternehmen
und Gottesdienst feiern.
Du hast uns dazu eingeladen
und freust dich, dass wir jetzt da sind.
Amen.

Thematische Erschließung 1 (Szenisches Spiel)

Patrick: *(suchend zu den Gottesdienstteilnehmern)* Ich suche den Sonntag. Wo ist er nur? Ich muss ihn finden! Wisst ihr vielleicht, wo der Sonntag ist? Habt ihr ihn schon gesehen? Mir kommt ein Satz in den Sinn, den ich früher einmal auswendig gelernt habe: »Sechs Tage sollst du arbeiten und dein Werk tun. Aber der siebte Tag ist ein Ruhetag, dem Herrn, deinem Gott, geweiht.«

Wo ist dieser besondere Tag, der Gott gehört? Ich muss ihn finden!
(betritt die Polizeistation und spricht den dort sitzenden Polizisten an)
Guten Tag. Kann ich hier anmelden, wenn etwas verschwunden ist?

Polizist: *(nimmt ein Blatt und dreht es in die Schreibmaschine)*
Was ist verschwunden oder gestohlen worden?

Patrick: Der Sonntag.

Polizist: Nicht wann, sondern waaas?

Patrick: Der Sonntag.

Polizist: Ich frage dich: Was ist gestohlen worden oder verschwunden?

Patrick: Genau wie ich sage: Der Sonntag ist verschwunden. Ich bin heute Morgen durch die Stadt gelaufen, um zu sehen wo der Sonntag ist. Nirgends habe ich den Sonntag gefunden. Haben Sie ihn etwa erlebt?

Polizist: Nein, ich habe heute Dienst.

Patrick: Ich will melden, dass der Sonntag nicht mehr da ist.

Polizist: Mach keine Witze, heute ist Sonntag.

Patrick: Nicht für mich und nicht für Sie.

Polizist: Im Kalender steht trotzdem »Sonntag«.

Patrick: Aber wenn im Kalender Sonntag steht, dann muss auch Sonntag sein. Wenn ich nichts davon merke, stimmt etwas nicht.

Polizist: *(atmet resigniert ein)*
Nein, das geht nicht.

Patrick: Bitte nehmen Sie es zu Protokoll.

Polizist: Na, weil du so darauf bestehst, dann schreibe ich. Schließlich ist es einmal etwas anderes als gestohlene Fahrräder, Autos oder Geldbeutel.
(tippt)
So, nun lies das Ganze nochmal durch und unterschreibe.

Patrick: *(unterschreibt und bedankt sich)*
Danke! Ich muss den Sonntag finden ...

Polizist: Auf Wiedersehen, wir werden unser Bestes tun.

Patrick: *(geht ab)*
Vielleicht ist es gut, wenn ich die Zeitung einschalte ...
(kommt wieder und hält eine Zeitung in der Hand; liest daraus, zu den Zuschauern gewandt)
»Ist der Sonntag verloren gegangen? Sonderbarer Junge stellt sonderbare Frage. Aktuelle Sondersendung heute Abend im regionalen Fernsehprogramm.«

Ansagerin: *(sitzt in einem »Fernseh-Karton« und liest)*
Eine Vermisstenmeldung der Polizei: Vermisst wird der Sonntag, früher allgemeiner Ruhe- und Feiertag der Christen; seit längerer Zeit im Lärm und in der Langeweile der Menschen untergegangen. Besondere Merkmale: Der Vermisste ist ursprünglich ein Geschenk des lieben Gottes. Er könnte die Menschen glücklicher machen und ihnen Stille und ein Stück Freiheit geben. Wer sich zu diesem Thema äußern möchte, rufe bitte an. Die Leitungen sind in der nächsten Stunde freigeschaltet.
(Nach einer kurzen Pause klingelt das Telefon; Zuschauer melden sich)

Anrufer 1 (Mann): Sind Sie von allen guten Geistern verlassen, so dummes Zeug zu senden?! Ich bin mit meinen Freunden über sieben Alpenpässe gefahren. Das war ein Sonntag wie schon lange nicht mehr!

Anrufer 2 (Frau): In unserem Wortgottesdienst für Familien mit Kleinkindern sind heute mindestens 40 Leute. Bei mir und den Gottesdienstteilnehmern hat der Sonntag stattgefunden.

Anrufer 3 (Kind): Für mich ist der Sonntag langweilig. Die Eltern schlafen sehr lange. Ich kann höchstens leise Kassetten hören.

Anrufer 4 (Frau): Ich hasse diesen Tag. Schon am Mittag muss ich daran denken, dass am Montag der Krampf im Büro wieder anfängt.

Anrufer 5 (Schüler): Für mich ist das ein schöner Tag. In meiner Familie darf abwechselnd jeder einen Vorschlag machen, was wir gemeinsam unternehmen.

Anrufer 6 (Kind): Ich besuche gerne den Kindergottesdienst. Wir hören dort schöne Geschichten. Auch die Lieder gefallen mir. Aber zu Hause gibt es manchmal Streit.

Anrufer 7 (Mann): Am Sonntag fühle ich mich frei. Da muss ich garnichts müssen. Ich lese oder schlafe oder gehe spazieren. Ich lebe einfach.

Anrufer 8 (Mann): Ich bin Kellner. Für mich ist Sonntag meistens der anstrengendste Tag.

Ansagerin: Soweit die ersten Zuschauerreaktionen. Meine Damen und Herren, liebe Kinder, uns ist es gelungen, Name und Telefonnummer des Jungen ausfindig zu machen, der die Anzeige bei der Polizei aufgegeben hat. Wir sind in diesem Moment mit ihm verbunden ...
(nimmt den Hörer ab und spricht)
Guten Tag, lieber Patrick. Du hast ja eine richtige Flut von Anrufen ausgelöst. Die Zuschauer würde interessieren, wieso du eigentlich diese Verlustanzeige aufgegeben hast.

Patrick: Weil der Sonntag so wertvoll ist, und wenn etwas sehr wertvoll ist und verschwindet, muss man es suchen, bis man es wieder hat. Ich hoffe, den Sonntag doch noch zu finden.

Ansagerin: Der kommt sicher wieder, in einigen Tagen ...

Patrick: Ich bin mir da nicht sicher. Er steht auf dem Papier. Das ist nicht das Leben. Im Leben möchte ich den Sonntag finden ...

Gestaltet nach einer Erzählung von Robert Tobler

Lesung (nach Ex 20,1–2.8–11)

Gott sprach durch den Mund des Mose zu den Männern, Frauen und Kindern des Volkes Israel:
Ich bin Jahwe, dein Gott. Ich habe dich aus der Knechtschaft in Ägypten befreit, um dir Leben und Zukunft zu schenken. Zu den Weisungen, die ich dir gebe, gehört auch diese:
Gedenke des Sabbats: Halte ihn heilig! Sechs Tage darfst du arbeiten und deinen Lebensunterhalt verdienen. Der siebte Tag ist ein Ruhetag. Er ist dem Herrn, deinem Gott, geweiht. An diesem Tag sollen alle die Arbeit ruhen lassen: die Männer und Frauen, die Söhne und Töchter, die Diener und Dienerinnen, das Vieh und die Fremden, die bei euch zu Gast sind. Denn in sechs Tagen hat Gott, der Herr, die Welt geschaffen, den Himmel, die Erde, das Meer, Pflanzen, Tiere und den Menschen. Am siebten Tag ruhte er. So hat er selbst den Sabbattag gesegnet und ihn für heilig, für kostbar und wertvoll erklärt.

Lied: Mein Tag CD/MC 4

2. Vergesst den Erfolg, die Leistung,
die Berechenbarkeit!
Lasst euch von mir beschenken,
genießt die Ewigkeit
inmitten eurer Zeit!
Damit das Leben neuen Farbenglanz gewinnt ...

T und M: Wilfried Röhrig
Aus: CD/MC Viele bunte Fäden

Thematische Erschließung 2

L spricht:
Juden feiern den Sabbat als den von Gott geheiligten Tag, Christen den Sonntag. So berichtet z. B. Justinus über eine frühchristliche Eucharistiefeier. Er schreibt:

An dem Tag, der »Tag der Sonne« genannt wird, kommen alle in der Stadt und auf dem Land Wohnenden am gleichen Ort zusammen. Dann werden die Erinnerungen der Apostel vorgelesen oder die Schriften der Propheten, solange die Zeit es erlaubt. Wenn dann der Vorleser seinen Dienst beendet hat, hält der Vorsteher eine Ansprache, in der er eindringlich mahnt, diese guten Lehren zu befolgen.
Dann stehen wir alle zusammen auf und beten. Dann, wie schon gesagt, wenn das Gebet beendet ist, wird Brot, Wein und Wasser herbeigebracht. Der Vorsteher sendet mit aller Kraft Gebete und Danksa-

gungen empor, und die Gemeinde stimmt zu, indem sie das Amen spricht. Dann erhält jeder der Anwesenden Anteil an den Gaben, über welche die Danksagung gesprochen ist. Den Abwesenden wird davon durch die Diakone geschickt. (Justin der Märtyrer, 1. Apologia 67)

Wieso diese Feiern ausgerechnet sonntags stattfanden und es bis heute immer noch so Brauch ist, hängt mit der Auferstehung Jesu, mit dem Ostertag zusammen. Jesus wurde am »ersten Tag der Woche«, also an einem Sonntag, auferweckt. Jesus lebt!, haben die Christen an Ostern erfahren. Jesus lebt!, das können wir in jedem Gottesdienst erfahren und feiern.

Fürbitten

Guter Gott,
wir danken dir für das Geschenk des Sonntags. Wir bitten dich:

Lass für uns den Sonntag immer einen besonderen und wertvollen Tag sein.
Liedruf: Guter Gott, wir bitten dich.

Wir bitten für alle, die am Sonntag arbeiten müssen: Krankenschwestern, Köche, Ärzte, Feuerwehrleute, Polizisten. Schenke auch ihnen den Segen des Sonntags.
Liedruf: Guter Gott, wir bitten dich.

Lass uns den Sonntag als Gelegenheit für gemeinsame Unternehmungen in der Familie nutzen.
Liedruf: Guter Gott, wir bitten dich.

Lass uns heute Zeit für Ruhe und Besinnung finden und dadurch Kraft schöpfen für die kommende Woche.
Liedruf: Guter Gott, wir bitten dich.

Lass für uns und viele Menschen den Sonntag zu einem Tag werden, näher zu dir zu finden.
Liedruf: Guter Gott, wir bitten dich.

Schenke uns und allen Christen durch das Brotbrechen, durch das Teilen von Brot und Wein, eine tiefere Verbundenheit mit Jesus Christus und untereinander.
Liedruf: Guter Gott, wir bitten dich.

Vater unser

Gebet

Guter Gott, du selbst hast den Sabbat geheiligt und gesegnet.
Du hast geruht vom Werk deiner Schöpfung.
Wir waren heute hier versammelt,
am Tag der Auferweckung Jesu.
Auch für uns soll dieser Tag ein besonderer Tag sein,
ein Tag, der uns glücklicher macht,
ein Tag, der uns Stille und ein Stück Freiheit schenkt,
ein Tag, der unsere Gemeinschaft mit dir
und untereinander wachsen lässt.
Wir danken dir für dieses Geschenk
und bitten um deinen Segen.
Amen.

Segen

Lied: Es begleite uns dein Segen
(in: Wilfried Röhrig, Willkommen hier in meinem Haus, Lahn-Verlag Limburg 1999, Seite 99)

3 Sag einfach nein!

Alter: 8–12 Jahre

Thema:
Versucht werden / Versuchungen in unserem Alltag
Versuchungen Jesu
Fastenzeit: den Versuchungen widerstehen, nein sagen

Bibelstelle:
Mt 4,1–11 par. Die Versuchung Jesu

Hinführung

Der Zugang zum biblischen Text von der Versuchung Jesu wird über alltägliche Erfahrungen der Kinder und ihr *Erleben* gesucht. Es wird also zunächst nicht danach gefragt, worin die Versuchungen Jesu im Einzelnen bestehen und wie wir diese für unsere Zeit »übersetzen« können. Es geht um die Frage, wie wir das Versuchtwerden, das In-Versuchung-Geraten erleben und wie wir damit umgehen.
In einem ersten Schritt soll verdeutlicht werden, worin *Versuchtwerden* besteht: eine Stimme lockt mich und versucht, mich auf »eine (böse) Seite« zu ziehen. Und da ist eine Gegenstimme, die mich auf die »andere (gute) Seite« ruft. Und ich stehe mitten drin und fühle mich hin und her gezogen. Was soll ich tun?
In einem zweiten Schritt werden drei konkrete *Beispiele* des Versuchtwerdens aus der Lebenswelt der Kinder mit den jeweiligen Entscheidungs- und Handlungsalternativen thematisiert.
Schließlich wird das biblische *Vorbild Jesu* zur Sprache gebracht, sein Versuchwerden und seine jeweilige, ganz auf Gott gerichtete Antwort, sein Nein zum Bösen.
So kann die Fastenzeit verstanden werden als eine Chance zum Einüben des Nein-Sagens (zum Bösen, zum schlechten Weg) und des Ja-Sagens zum guten Weg (Gottes).

Materialien

- ein Kinderschuh, ein Bild mit traurigem Gesicht (Smilie), ein Sommerkleid auf einem Kleiderbügel
- gelbe Tücher, ein großer Kieselstein, Krone, Globus

- für alle Gottesdienstteilnehmer ein Din-A5-Blatt mit einem dicken Ausrufungszeichen und den Worten: »Sag nein!«.

Lied: Beten

2. In der Stille angekommen,
leg ich meine Masken ab.
Und ich sage Gott ganz ehrlich,
was ich auf dem Herzen hab.

3. In der Stille angekommen,
   schrei ich meine Angst heraus.
   Was mich quält und mir den Mut nimmt,
   all das schütt ich vor Gott aus.

4. In der Stille angekommen,
   nehm ich dankbar, was er gibt.
   Ich darf zu ihm »Vater« sagen,
   weil er mich unendlich liebt.

T: Christoph Zehendner (nach Mt 6,5–8) M: Manfred Staiger

Gebet

Guter Gott,
vor wenigen Tagen haben wir noch Fastnacht gefeiert.
Wir haben uns verkleidet.
Wir waren ausgelassen und froh.
Mit dem Aschermittwoch hat die Fastenzeit begonnen.
In dieser Zeit geht es nicht darum,
besonders ernst oder traurig zu sein.
Es geht darum, nachdenklich zu werden,
uns neu auszurichten an deinem Wort.
Es geht darum, neu zu lernen, die Welt mit deinen Augen zu sehen.
Es geht darum, uns mit Jesus auf Ostern vorzubereiten.
Schenke uns dazu gute Gedanken.
Amen.

Thematische Erschließung 1

Drei Kinder stehen nebeneinander. Die beiden außen stehenden Kinder versuchen, das Kind in der Mitte auf ihre Seite zu locken. Sie haben eine Minute Zeit.
Danach kurze Rückfrage an das Kind in der Mitte: Wie ist es dir ergangen? Wie hast du dich gefühlt? Wieso konntest du dich nicht entscheiden?, oder: Wieso hast du dich gerade für diese Seite entschieden?

L spricht:
In der Mitte zu stehen und nach zwei Seiten gelockt zu werden, das ist nicht angenehm. Wir fühlen uns unsicher. Wir wissen nicht, was wir tun sollen.

So ist es bei uns, wenn wir versucht werden:
Wir stehen in der Mitte. Eine Kraft, eine Stimme zieht nach einer Seite: »Tu das!«, eine andere Kraft, eine andere Stimme zieht nach der anderen Seite: »Tu es nicht! Tu lieber das!«
Wo begegnen wir Versuchungen in unserem Leben?
Wo versucht uns eine (böse) Stimme auf diese Seite zu ziehen und eine (gute) Stimme auf die andere? Einige Beispiele wollen wir jetzt miteinander bedenken.

Thematische Erschließung 2a

L legt den Kinderschuh in die Mitte und spricht:
Ich habe hier einen Schuh mitgebracht.
Da hat mich jemand ganz gewaltig geärgert. Da hat mir jemand mit Absicht ein Bein gestellt.
Eine Stimme sagt: »Tritt zurück! Räche dich! Hau ihm eine!«
Doch da gibt es auch eine andere Stimme. Die ist vielleicht nicht ganz so laut, aber sie ist auch da. Was sagt diese?

Antworten zusammentragen, z.B.: Es reicht, wenn du dich mit Worten wehrst! Sag ihm/ihr, dass du das nicht in Ordnung findest! Versuche dich wieder zu vertragen!

Die 1. Strophe des Liedes »Sag einfach nein!« wird gesungen.

Lied: Sag einfach nein! CD/MC 5

2. Dieses Wetter richtig widerlich,
   Regen hasse ich wie die Pest.
   Meine Schwester einfach fürchterlich,
   ihr Gesinge gibt mir den Rest.
   Und ich hab miese Laune,
   ja, ich schiebe den Frust.
   Sie jetzt kräftig zu ärgern,
   dazu hätte ich Lust.

Refrain

3. Eva trägt ein tolles Sommerkleid,
   das ihr einfach ganz prächtig steht.
   Alle spielen heute nur mit ihr,
   was mir voll auf die Nerven geht.

Und ich bin richtig neidisch:
Sind die alle so blöd!
Gibt es nur diese Eva,
die im Mittelpunkt steht?!

Refrain:
Ein böser Blick, ein fauler Trick,
das ist einfach und braucht keinen Mut.
Doch sagst du nein, dann kann es sein,
dass du spürst, wie gut das tut.
Sag einfach nein!

T und M: Wilfried Röhrig
Aus: CD/MC Viele bunte Fäden
Rechte: rigma Musikverlag, Viernheim

Thematische Erschließung 2b

L legt den grimmigen Smilie in die Mitte und spricht:
Ein trauriges Gesicht. Das Wetter ist zum Fortlaufen. Seit Tagen nur Regen. Meine Schwester geht mir gewaltig auf den Wecker. Mir ist total langweilig. Zu nichts habe ich Lust. Was sagt die böse Stimme zu mir?

Antworten zusammentragen, z. B.: Lass deine miese Laune an den anderen aus! Ärger deine Schwester! Lass dich hängen!

Doch da ist auch eine andere Stimme. Die sagt zu mir:

Antworten zusammentragen, z. B.: Ruf doch mal deinen Freund/ deine Freundin an. Vielleicht könnt ihr was zusammen machen! Frag deine Schwester, ob sie mit dir Musik hören will! Wie wärs mit Lesen oder Basteln?

Die 2. Strophe des Liedes »Sag einfach nein!« wird gesungen.

Thematische Erschließung 2c

L legt das Sommerkleid in die Mitte und spricht:
Da trägt jemand ein tolles Kleid. Einfach spitze! Und die anderen sind ganz begeistert. Das Mädchen mit ihrem schicken Kleid steht voll im Mittelpunkt. Und ich bin richtig neidisch.
Eine böse Stimme sagt zu mir:

Antworten zusammentragen, z. B.: Mach fiese Bemerkungen wie »Was für ein blödes Kleid!«, »Ist das aber eine Angeberin!«, »Habt ihr nichts Besseres zu tun als die anzuhimmeln?«

Doch da ist auch eine andere Stimme. Sie sagt zu mir:

Antworten zusammentragen, z. B.: Gib zu, dass ihr das Kleid prima steht! Gib zu, dass du auch gern ein solches Kleid hättest! Gönne es ihr, mal im Mittelpunkt zu stehen!

Die 3. Strophe des Liedes »Sag einfach nein!« wird gesungen.

Thematische Erschließung 3: Gestaltung zum Evangelium (nach Mt 4,1–11)

Aus gelben Tüchern eine Wüste legen, Jesuskerze anzünden und in die Mitte stellen.
L spricht:
Jesus geht in die Wüste. Er will ganz allein sein. Er will in der Stille sein. Er prüft sich – sein Herz.
Er betet: Vater im Himmel, was willst du von mir? Was willst du, dass ich tun soll?
Vierzig Tage ist Jesus in der Wüste, vierzig Tage und vierzig Nächte.
Er fastet. Er hungert. Da hört Jesus in seinem Herzen eine Stimme.
Es ist nicht die Stimme Gottes. Es ist die Stimme von dem, der gegen Gott ist. Viele Namen trägt er: der Böse, der Durcheinanderbringer, Vater der Lüge.
Er tritt an Jesus heran. Er sagt: Dich hungert.
Du hast Gotteskraft und Gottesmacht. Gebrauche sie.
Befiehl, dass aus Stein Brot wird!

Ein großer Stein wird auf die Tücher gelegt.

Jesus antwortet: Nein!

Alle rufen: Nein!

Gott sorgt für mich. Er macht mich satt, meinen Leib, mein Herz.

Jetzt nimmt der Böse Jesus mit zum Tempel.
Er führt ihn auf die Mauerzinnen.
Er spricht zu Jesus: Stürze dich hinab!

Gottes Engel werden dich tragen und beschützen.
Die Menschen aber werden staunen, dich bewundern.
Sie werden dich bewundern wie einen König.

Eine goldene Krone wird auf die Tücher gelegt.

Jesus antwortet: Nein!

Alle rufen: Nein!

Nicht mich sollen die Menschen ehren!
Alle Ehre sei Gott, dem Vater im Himmel.

Nun führt der Böse Jesus auf einen hohen Berg.
Er zeigt ihm die ganze Welt und spricht:
Falle nieder. Bete mich an! Dann wird dir alles gehören, alle Schätze, alle Reiche, die ganze Erde.

Ein Globus wird auf die Tücher gelegt.

Jesus antwortet: Nein!

Alle rufen: Nein!

Jesus spricht: Gott ist Herr über alles.
Ihm allein will ich dienen. Ihn allein will ich anbeten.
Ihn will ich loben und preisen.
Weiche, sagt Jesus zum Bösen, fort mit dir!

Alle rufen: Fort mit dir!

Der Böse ging. Engel kamen und dienten Jesus.
So haben es Freunde Jesu erzählt und aufgeschrieben.

Fürbitten

Guter Gott, Jesus hat ganz auf dich vertraut. Gib auch uns die Kraft, den Versuchungen zu widerstehen.

Wenn wir geärgert werden und uns rächen wollen:
(Alle:) Gib der Liebe eine Chance, sag nein!

Wenn wir unsere Langeweile an anderen auslassen wollen:
Gib der Liebe eine Chance, sag nein!

Wenn wir mehr nehmen wollen als uns zusteht:
Gib der Liebe eine Chance, sag nein!

Wenn wir bequem und faul sein wollen:
Gib der Liebe eine Chance, sag nein!

Wenn wir neidisch oder eifersüchtig zu werden drohen:
Gib der Liebe eine Chance, sag nein!

Wenn wir uns keine Zeit für Gott und zum Beten nehmen wollen:
Gib der Liebe eine Chance, sag nein!

Vater unser

Gebet

Guter Gott, Jesus hat auf dein Wort vertraut.
Er wollte dir allein dienen.
So hat er zu den Versuchungen nein gesagt.
Wir stehen am Beginn der Fastenzeit.
Lass uns in dieser Zeit lernen,
seinem Beispiel zu folgen.
Hilf uns, nein zum Bösen und ja zum Guten zu sagen.
Lass uns wachsen in der Liebe zu dir,
zu unseren Eltern und Geschwistern,
zu Freunden und Kameraden.
Amen.

Segen

Lied: Mach dich auf den langen Weg

3 *Sag einfach nein!*

2. Mach dich auf den langen Weg,
   geh bis du ans Ziel gelangst.
   Viele gehn den Weg mit dir
   und einer geht den Weg voran.

3. Einer geht und trägt das Kreuz,
   trägt das Kreuz für dich und mich,
   zeigt den Weg zum Leben an
   und geht voran, geht uns voran.

T und M: Diethard Zils

4 Gottes Uhren ticken anders

Alter: 8–12 Jahre

Thema:
Maßstäbe Gottes (Liebe / Gemeinschaft) vs. »menschliche« Denk- und Verhaltensmuster (Gerechtigkeit / Leistung)
Gottes neue Welt (Reich Gottes / Herrschaft Gottes)

Bibelstellen:

Mt 20,1–16	**Das Gleichnis von den Arbeitern im Weinberg**
Mk 2,13–17 par.	Jesus beruft Levi / Das Mahl mit den Zöllnern
Lk 15,1–7 par.	Das verlorene Schaf
Lk 15,8–10	Das verlorene Geldstück
Lk 15,11–32	Der Vater und seine zwei Söhne
Mk 10,13–16 par.	Jesus und die Kinder
Lk 14,15–24 par.	Gleichnis vom großen Festmahl
Mt 5,3–12 par.	Die Seligpreisungen

Hinführung

Dass die Maßstäbe Gottes zuweilen radikal unseren weltlichen und »menschlichen« Sicht- und Beurteilungsweisen widersprechen, wird an vielen Stellen des Neuen Testaments deutlich: »Die Ersten werden die Letzten sein«, »Wer sein Leben gewinnen will, wird es verlieren«, »Wer der Größte unter euch sein will, sei der Diener aller« usw.
So ist es auch im Gleichnis von den Arbeitern im Weinberg: Dass die zuletzt Angeheuerten den gleichen Lohn wie die Ersten erhalten, widerstrebt weltlicher Gerechtigkeitslogik. Doch Gott sieht die Welt mit anderen Augen. Er entlarvt diese Einstellung als Neid- und Anspruchsmentalität, wie der zentrale und abschließende Vers 15 verdeutlicht: »Oder bist du neidisch, weil ich gütig bin?«
Um einen besseren Zugang zu diesem Gleichnis und der darin enthaltenen Botschaft zu ermöglichen, wird eine fiktive Beispielgeschichte aus unserer Erfahrungswelt als Einstieg gewählt. Bereits hier werden die beiden widerstreitenden Sichtweisen deutlich: Auf der einen Seite individualistisches Leistungs- und Anspruchsdenken, auf der anderen Seite echte Freude, Mitgefühl, Blick auf die Gemeinschaft.

Zwei Uhren dienen dazu, den Kontrast der beiden Betrachtungsweisen anschaulich zu machen: eine »normale« Uhr, die nach dem Grundprinzip »Gerechtigkeit« und »Leistung« läuft, und eine »verkehrte« Uhr (Uhr Gottes). Sie läuft nach dem Grundprinzip »Liebe« und »Gemeinschaft«.

Materialien

- zwei Wanduhren: eine normale, deren Zeiger im Uhrzeigersinn und eine »verkehrte«, deren Zeiger im Gegenuhrzeigersinn läuft
- je ein Plakat mit der Aufschrift »Gerechtigkeit/Leistung« und »Liebe/Gemeinschaft«
- vier Briefumschläge mit jeweils 50 DM (Spielgeld) darin
- ein Beutel mit großen Schoko-Goldtalern.

Vorbereitungen

Die beiden Uhren hängen gut sichtbar an einer Stellwand.

Lied: Eines Tages kam einer
(Troubadour 200 / Schwerter Liederbuch 170)

Gebet

Guter Gott, du liebst deine Welt,
du liebst uns, deine menschlichen Geschöpfe.
Du hast uns deinen Sohn Jesus Christus gesandt.
In ihm ist deine Liebe zu uns sichtbar geworden,
in ihm ist deine Liebe zu uns erfahrbar geworden.
Jesus hat uns vorgelebt und verkündet,
wie deine neue Welt aussieht:
eine Welt voll Wärme, Freude,
Güte und Herzlichkeit.
Ja, in Jesus hat deine neue Welt bereits begonnen.
~~Das wollen wir jetzt dankbar feiern.~~
~~Amen.~~ Dafür wollen wir dankbar sein.
Amen.

Thematische Erschließung 1

L erzählt die folgende Geschichte:

Peter, seine Freunde und der Geschäftsmann

Dick und fett leuchtet die Anzeige in der Zeitung: »Botenjunge für die langen Samstage gesucht! FESTLOHN!«
Peter meldet sich auf diese Anzeige und nimmt den Aushilfsposten zu den vereinbarten Bedingungen an. Am ersten verkaufsoffenen Samstag fährt er zu Kunden, um Pakete abzuliefern. In der folgenden Woche zeigt es sich, dass die Aufträge nicht durch einen Jungen allein ausgeführt werden können. Peter wird aufgefordert, für Verstärkung zu sorgen und bringt seinen Freund Markus mit. Beide sind voll ausgelastet. Am dritten Samstag darf Peters Schwester Sabine auch noch mithelfen. Als der vierte Advent naht, gibt es besonders viel auszuliefern. So sucht man eiligst noch nach einem vierten Boten: Michael.
Nach Geschäftsschluss bekommen alle vier Aushilfskräfte ein nettes Geschenk und einen Umschlag mit dem Lohn. Sie bedanken sich und gehen erfreut und beschwingt hinaus. Draußen öffnen sie ihre Lohntüten ...

Vier Briefumschläge mit dem (Spiel-)Geld werden vier Kindern in die Hand gedrückt mit der Bitte, das Geld darin zu zählen.
Alle vier stellen fest, dass sich in ihrem Umschlag 50,– DM befinden.
Alle vier haben den gleichen Lohn erhalten ...

Ihr seht, was passiert ist und geht sofort ans Telefon, um den Geschäftsmann anzurufen. Was werdet ihr ihm sagen?

Kinder äußern sich spontan und beschweren sich über diese offensichtliche Ungerechtigkeit.

Ihr seid empört über diese Ungerechtigkeit des Geschäftsmannes. Anscheinend zu Recht, doch die Geschichte geht noch weiter:
Peter, Markus, Sabine und Michael sind Klassenkameraden. Auch wenn sie in vielen Dingen verschiedener Meinung sind, sparen sie doch schon seit einigen Monaten für eine gemeinsame Klassenfahrt nach den Weihnachtsferien. Zu Beginn der Adventszeit fehlen jedem der vier noch etwa 50,– DM, also das, was Peter, der zuerst eingestellte Botenjunge, mit dem Geschäftsmann als Festlohn vereinbart hat. Er hatte bei seiner Einstellung dem Chef erzählt, warum er das Geld

braucht und dass seine Klassenkameraden auch noch versuchen müssen, sich dieses Geld bis nach den Weihnachtsferien zu erarbeiten.
Wie beurteilt ihr jetzt das Verhalten des Geschäftsmannes?

Kinder äußern sich spontan.

Szenisches Spiel: Evangelium (nach Mt 20,1–16)

Während das Evangelium vorgetragen wird, spielen einige Kinder die Personen und die Gleichnishandlung (Gutsbesitzer, Verwalter, ca. 10 Arbeiter).
Die Arbeiter stehen auf dem Marktplatz (in der Mitte).

Jesus erzählte folgendes Gleichnis: Mit dem Himmelreich, mit Gottes neuer Welt, ist es wie mit einem Gutsbesitzer zurzeit der Weinlese. Er verließ früh am Morgen sein Haus und ging auf den Marktplatz, um Arbeiter für seinen Weinberg anzuwerben. Er einigte sich mit den Arbeitern auf einen Denar für den Tag. Ein Denar war ungefähr so viel Geld, wie ein Tagelöhner für den Lebensunterhalt einer Familie brauchte. Er schickte die Arbeiter in seinen Weinberg.

Gutsbesitzer tritt hinzu, spricht mit zwei bis drei Arbeitern; sie verlassen den Marktplatz und stellen sich auf die Seite.

Um die dritte Stunde, also um 9 Uhr morgens, ging er wieder auf den Markt. Er sah andere dastehen, die keine Arbeit hatten. Er sagte zu ihnen: Geht auch ihr in meinen Weinberg! Ich werde euch geben, was recht ist. Und sie gingen.

Gutsbesitzer tut das Gleiche wie zuvor.

Um die sechste und um die neunte Stunde, also um 12 und um 15 Uhr, ging der Gutsherr wieder auf den Markt und machte es ebenso.

Gutsbesitzer tut das Gleiche wie zuvor.

Als er um die elfte Stunde, also um 17 Uhr, noch einmal hinging, traf er wieder einige, die dort herumstanden. Er sagte zu ihnen: Was steht ihr hier den ganzen Tag untätig herum? Sie antworteten: Niemand hat uns angeworben. Da sagte er zu ihnen: Geht auch ihr in meinen Weinberg!

Gutsbesitzer spricht mit den verbliebenen Arbeitern und schickt auch diese in seinen Weinberg.

Als es nun Abend geworden war, sagte der Gutsbesitzer zu seinem Verwalter: Ruf die Arbeiter und zahl ihnen den Lohn aus, angefangen bei den Letzten bis zu den Ersten.

Gutsbesitzer gibt seinem Verwalter einen Beutel mit den Goldstücken. Dieser geht in die Mitte und bleibt stehen. Die Arbeiter kommen herbei und erhalten ihren Lohn wie im Gleichnis beschrieben:

Da kamen die Männer, die er um 17 Uhr angeworben hatte, und jeder erhielt einen Denar. Ebenso erging es den Männern, die er um 15 und 12 Uhr angeworben hatte. Als dann die Ersten an der Reihe waren, glaubten sie mehr zu bekommen. Aber auch sie erhielten nur einen Denar.
Da begannen sie über den Gutsherrn zu murren und sagten: Die du zuletzt angeworben hast, haben nur eine Stunde gearbeitet, doch du hast sie uns gleichgestellt. Wir aber haben den ganzen Tag über die Last der Arbeit und die Hitze ertragen. Da erwiderte er einem von ihnen: Mein Freund, dir geschieht kein Unrecht. Hast du nicht einen Denar mit mir vereinbart? Nimm dein Geld und geh! Ich will dem Letzten ebenso viel geben wie dir, denn es ist so viel, wie er für sich und seine Familie braucht. Darf ich mit dem, was mir gehört, nicht tun, was ich will? Oder bist du neidisch, weil ich (zu anderen) gütig bin?

Thematische Erschließung 2

Im Gespräch mit den Kindern werden die folgenden Punkte erarbeitet:

- Gegensatz der beiden Uhren: Die erste Uhr läuft mit dem Uhrwerk »Gerechtigkeit« und »Leistung« (Plakat unter oder neben der Uhr aufhängen).
  Für die Geschichte von Peter und seinen Klassenkameraden heißt das: Peter muss mehr bekommen als die anderen!
  Für die Geschichte aus der Bibel heißt das: Die ersten Arbeiter müssen mehr bekommen als die Letzten!

- Die zweite Uhr läuft mit dem Uhrwerk »Liebe« und »Gemeinschaft« (Plakat unter oder neben der Uhr aufhängen).
  Für die Geschichte von Peter und seinen Klassenkameraden heißt das: Toll, dass alle zur Klassenfahrt mitkönnen, sogar der Michael, der als Letzter dazukam!
  Für die Geschichte aus der Bibel heißt das: Toll, dass auch der letzte Arbeiter genug bekam, um seine Familie zu ernähren!
- »Gottes Uhren ticken anders«: In Gottes neuer Welt zählt die Liebe und die echte Freude auch über das Glück, das Gott einem anderen schenkt; alle, auch die Letzten, sind eingeladen und erhalten das, was sie zum Leben brauchen.

Lied: Gottes Uhren ticken anders CD/MC 10

2. Die kleinen Leute sind bei Gott die Allergrößten,
sie dürfen in den Hoffnungslauf;
die Randfiguren spielen jetzt die erste Geige,
die Mauerblümchen blühen jetzt schon auf.

Refrain

T und M: Wilfried Röhrig
Aus: CD/MC Viele bunte Fäden
Rechte: rigma Musikverlag, Viernheim

Vater unser (= Fürbittgebet)

L spricht:
Wenn wir jetzt zusammen das Vaterunser beten, wollen wir daran denken, dass es ein großes Fürbittgebet ist, ein Gebet um Gottes neue Welt, das Jesus seine Jünger gelehrt hat.

Gebet

Guter Gott, dein Sohn Jesus Christus
hat uns von deiner neuen Welt erzählt.
Dort kommt es nicht an
auf Aussehen, Erfolg und Leistung.

Dort kommt es an
auf Zuvorkommenheit und Liebe,
auf Freude am Glück des anderen,
auf das Geschenk der Gemeinschaft mit dir.
Hilf uns, diese Botschaft
durch unsere Worte
und unser Tun in die Welt zu tragen.
Amen.

Segen

Lied: Selig seid ihr
(Troubadour 146 / Schwerter Liederbuch 210)

5 Groß sein

Alter: 6–10 Jahre

Thema:
Was in unserer Welt wichtig ist: Erfolg, Macht und Einfluss, Aussehen, Besitz, ...
Was bei Jesus zählt: das Tun der Liebe.

Bibelstellen:

Mt 23,1–12 par.	**Der Größte von euch soll euer Diener sein.**
Mk 9,33–37 par.	Der Rangstreit der Jünger
Mk 10,35–45 par.	Vom Herrschen und vom Dienen
Lk 14,7–11	Wer bekommt die Ehrenplätze?
Lk 18,9–14	Der Pharisäer und der Zöllner
Joh 13,1–15	Jesus wäscht seinen Jüngern die Füße
Mt 25,31–46	Vom Weltgericht
1 Kor 13,1–3	»... und hätte die Liebe nicht«

Hinführung

Kinder und Erwachsene kennen diese Bedürfnisse, dieses innere Drängen: Ich möchte anerkannt sein, ich möchte etwas gelten, ich möchte gerne bestimmen. Dabei stehen oft Äußerlichkeiten im Vordergrund: vorweisbare Erfolge, schöne Worte, materieller Besitz, Kleidung und Aussehen.
Jesus macht deutlich, dass andere Dinge wichtig und entscheidend sind: die Haltung der Liebe, das Tun der Liebe, der Blick füreinander, die helfende Hand.
Dieser Kontrast zwischen äußerlich-weltlichem Ansehen und dem, »was wirklich zählt«, kommt in Mt 23,1–12 deutlich zum Ausdruck: im Kontrast zwischen den Pharisäern (hier sehr einseitig und pauschal negativ gekennzeichnet) und dem Vorbild Jesu.

Materialien

- Siegerpodest (kann aus zwei kleinen und einem großen Hocker, mit den Zahlen 1, 2, 3 beschriftet, zusammengebaut werden)

- Sporttrikot, Sonnenbrille, Zeugnisheft, elegantes Sweatshirt, Computerspiel
- ein großes rotes Herz aus Pappe.

Lied: Ein guter Tag

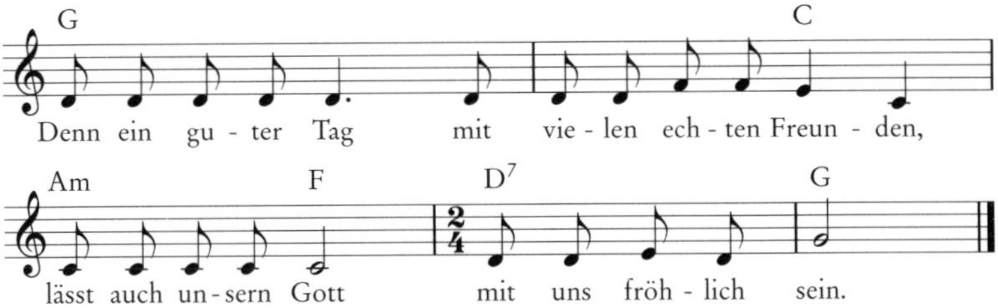

4. Ich wünsch dir einen guten Tag, viele liebe Worte,
   dass sie dich erfreun wie der Sonnenschein.
   Denn ein guter Tag mit vielen lieben Worten
   lässt auch unsern Gott mit uns fröhlich sein.

5. Ich wünsch dir einen guten Tag, viele gute Taten,
   dass man zu dir sagt: »Danke, das ist fein!«
   Denn ein guter Tag mit vielen guten Taten
   lässt auch unsern Gott mit uns fröhlich sein.

6. Ich wünsch dir einen guten Tag, dazu Gottes Segen,
   dass du immer weißt, ohne ihn kann nichts gedeihn.
   Denn ein guter Tag, erfüllt von seinem Segen,
   lässt auch unsern Gott mit uns fröhlich sein.

T und M: Wilfried Röhrig
Aus: MC Der wilde Leopold
Rechte: rigma Musikverlag, Viernheim

Gebet

Guter Gott, ein neuer Tag hat begonnen, ein Sonntag.
Wir danken für die Ruhe und den Schlaf in der Nacht.
Wir blicken in froher Erwartung auf diesen Tag.
Was wird er uns bringen an Ereignissen?
Wir wollen uns dir jetzt zuwenden,
mit unserem Singen, Beten und Feiern.
Zeige uns, was wichtig ist für unser Leben.
Lass diesen Tag gelingen.
Amen.

Thematische Erschließung 1

Kurzes Gespräch über das Siegerpodest:
Was ist das für ein Ding? Wann wird es gebraucht? Wer war schon bei einer Siegerehrung dabei? Wer stand schon mal obendrauf? Was ist das für ein Gefühl, oben drauf zu stehen?

Die im Folgenden genannten Personen besteigen nacheinander das Siegerpodest und stellen sich anschließend daneben. L spricht:

Nach sportlichen Wettkämpfen, nach Wettbewerben werden die Sieger geehrt. Es ist schön, im Sport erfolgreich zu sein.	Junge im Sporttrikot, Arme wie ein Sieger nach oben gereckt
Aber bei uns zählen auch andere Dinge. Manche meinen, es sei sehr wichtig, besonders cool und lässig auszusehen	Junge mit Sonnenbrille, cooles Gesicht
Bei anderen ist der Erfolg in der Schule die wichtigste Sache.	Mädchen mit Zeugnisheft
Bei manchen sind die neuesten Markenjeans oder ein Markensweatshirt von großer Bedeutung.	Mädchen mit elegantem Sweatshirt
Manche lassen sich bewundern, weil sie den besten PC und die neuesten Computerspiele haben.	Junge mit Computerspiel

Wir möchten erfolgreich sein. Wir möchten vor anderen etwas gelten. Wir möchten Anerkennung finden. Dabei stehen oft Äußerlichkeiten im Vordergrund: sportliche Siege, cooles Aussehen, gute Noten, Markenkleidung, Computerspiele.
Auch Zeitgenossen Jesu wollten etwas gelten vor den anderen. Von einer bestimmten Gruppe ist im folgenden Evangelium die Rede, von den Pharisäern. Nicht alle waren so wie es berichtet wird, aber ein Teil von ihnen. Was diesen wichtig war und was Jesus dazu sagte, wollen wir jetzt hören.

Evangelium (nach Mt 23,1–12)

Jesus wandte sich an das Volk und an seine Jünger. Er sagte: Die Schriftgelehrten und die Pharisäer legen die Heiligen Schriften aus. Tut also, was sie euch sagen. Richtet euch aber nicht nach dem, was sie tun. Alles, was sie tun, tun sie nur, damit sie von den anderen gesehen werden: Sie machen ihre Gebetsriemen breit und die Quasten an ihren Gewändern lang. Bei jedem Festmahl möchten sie den Ehrenplatz haben. In der Synagoge, dem Gotteshaus, sitzen sie in der ersten Reihe. Auf den Straßen und Plätzen lassen sie sich gerne grüßen und dabei Rabbi, Meister, nennen. Ihr aber sollt euch nicht Rabbi nennen lassen. Nur Gott allein ist euer Meister und ihr alle seid in ihm Brüder und Schwestern. Nennt zudem niemand unter euch Vater, denn nur einer ist euer Vater, der im Himmel. Der Größte von euch soll euer Diener sein. Denn wer sich selbst erhöht, wird erniedrigt, und wer sich selbst erniedrigt, wird erhöht werden.

Thematische Erschließung 2

Kurzes Gespräch über den Text des Evangeliums: Was ist für die Pharisäer wichtig? Was ist in den Augen Jesu wichtig?
Um die Aussagen Jesu zu unterstreichen, steigt ein Kind auf das Siegerpodest und hält das große rote Herz in die Höhe.

Lied: Groß sein

CD/MC 2

3. Ich bin die Schönste, oh ja,
ich bin die Feinste, ganz wunderbar,
ich bin die Schickste, cool und ganz abgedreht;
mein Outfit vom andern Stern
ist einfach topmodern.

4. Ich bin am Reichsten, und ob,
   Geld von den Eltern, da bin ich top,
   mein Zimmer ist spitze, Videos und Spiele;
   kommt nur mit mir nach Haus, euch falln die Augen aus.

Refrain

T und M: Wilfried Röhrig
Aus: CD/MC Viele bunte Fäden
Rechte: rigma Musikverlag, Viernheim

Fürbitten

Gott, unser Vater, wir wollen unsere Bitten vor dich tragen:

Hilf uns allen, einander anzunehmen und einander zu dienen.
Gott, unser Vater: Wir bitten dich, erhöre uns!

Du hast uns Fähigkeiten und Talente gegeben. Hilf uns, dass wir damit nicht prahlen, sondern sie miteinander teilen und füreinander einsetzen.
Gott, unser Vater: Wir bitten dich, erhöre uns!

Hilf uns, dass wir das Gute nicht nur tun, wenn wir von anderen gesehen werden, sondern auch im Verborgenen.
Gott, unser Vater: Wir bitten dich, erhöre uns!

Vater unser

Gebet

Guter Gott, danke für unser Zusammensein.
Du hast uns heute neu ins Gedächtnis gerufen,
was in unserem Leben wirklich wichtig ist.
Lass uns das, worauf es ankommt,
nicht aus dem Blick verlieren: das Tun der Liebe.
Begleite uns heute und in der kommenden Woche
mit deiner Kraft und deinem Segen. Amen.

Segen

Lied: Jetzt ist die Zeit, jetzt ist die Stunde
(Troubadour 483 / Schwerter Liederbuch 132)

6 Wie oft soll ich vergeben?

Alter: 6–10 Jahre

Thema:
Wenn sich jemand gegen uns verfehlt
Aufforderung Jesu zur stetigen Vergebung
Wie Vergebung geschehen kann

Bibelstellen:

Mt 18,15–17a.21–22 par.	**Von der Verantwortung für den Bruder / Von der Pflicht zur Vergebung**
Mt 18,23–35	Gleichnis vom unbarmherzigen Gläubiger
Lk 15,11–32	Der Vater und die zwei Söhne
Lk 23,33–34a	»Vater, vergib ihnen«

Hinführung

Vergebung und Versöhnung sind zwar unverzichtbar für ein menschliches Zusammenleben, doch stehen sie in unserer Gesellschaft nicht gerade hoch im Kurs: Sich kräftig zu wehren, die Ellbogen (und das nicht nur im übertragenen Sinn) einzusetzen, gilt als normale Reaktion. Die Zunahme von Gewaltbereitschaft unter Kindern und Jugendlichen wird an vielen Stellen mit berechtigter Sorge thematisiert. Der Blick in die Bibel zeigt, dass Fragen von Gewalt, Schuld und Sünde, Vergebung und Versöhnung zur Welt gehören, solange es Menschen gibt und geben wird.
Die Forderung Jesu nach Vergebung und nicht nachlassender Vergebungsbereitschaft ist hochaktuell, damals und heute, für ein echt menschliches Zusammenleben, für ein Zusammenleben im Sinne der Botschaft Jesu von Gottes neuer Welt.
In diesem Gottesdienst werden folgende Aspekte thematisiert:

- Konkrete Erfahrung, »wenn ein Bruder/eine Schwester sich gegen dich verfehlt hat«, und die Frage, wie wir uns dabei verhalten.
- Forderung Jesu nach Vergebung und steter Vergebungsbereitschaft.
- Wie kann Vergebung konkret geschehen?
- Positive Seiten, Gefühle und Erfahrungen nach erfolgter Versöhnung.

Lied: Selig seid ihr
(Troubadour 146 / Schwerter Liederbuch 210)

Gebet

Guter Gott, wir freuen uns,
dass wir uns hier bei dir wieder sehen.
Wir sind eine große Gemeinschaft.
Doch manchmal gibt es auch Streit und Unfrieden.
Manchmal sind wir traurig oder wütend,
weil wir geärgert oder verletzt worden sind.
Lass uns deine gute Botschaft hören.
Sei uns nah.
Amen.

Thematische Erschließung 1

L spricht:
»Wenn sich ein Bruder / eine Schwester gegen dich verfehlt hat« – so hören wir nachher in der Heiligen Schrift. Jemand hat sich gegen mich verfehlt. Jemand hat mich geärgert. Jemand war böse, frech und gemein zu mir. Das passiert zu Hause mit unseren Geschwistern und Eltern, das passiert in der Schule mit Mitschülern und Lehrern, das passiert mit Freunden und Freundinnen.
Beispiele erzählen lassen.

Lied: Wie oft soll ich vergeben? CD/MC 6

6 *Wie oft soll ich vergeben?*

2. Frau Huber hat mich gestern aus der Klasse verbannt,
meine stete Quatscherei sei ja allerhand,
echter Dauerstress, eine Höllenqual.
Herr Doller hat geschimpft, ich sei einfach zu laut.
Franziska hat mein Heft in ihrem Ranzen verstaut,
und ich hab mich nur gewehrt, verdammt noch mal!
Und dann auf dem Heimweg schleicht die Franzi sich heran,
tut als ob nichts wär und grinst mich blöde an:
»Auf Wiedersehn bis zum nächsten Mal!«

Refrain

3. Beim Spielen sind die andern mir davongerannt,
haben mich mal wieder »Entchen« genannt,
»Brummerchen« und »Watschelbär«.
Nina hat am Ende ganz lauthals gelacht,
meine Haare sei'n so schwarz, noch schwärzer als die Nacht,
ich bade mich wohl gern in echtem Teer.
Dieser sei so heiß, dass alles verbrennt,
vor allem das Gehirn oder wie man das nennt.
»Echt schade drum, es gibt nichts mehr her!«

Refrain

T und M: Wilfried Röhrig
Aus: CD/MC Viele bunte Fäden

Evangelium (nach Mt 18,15–17a.21–22)

In der Rede über das Leben in der Gemeinde, in der Gemeinschaft der Freunde Jesu, sagt Jesus:
Wenn sich jemand, ein Bruder oder eine Schwester, gegen dich verfehlt hat, dann geh zu ihm. Sprich mit ihm und weise ihn unter vier Augen zurecht. Hört er auf dich, so hast du deinen Bruder oder deine Schwester zurückgewonnen. Hört er aber nicht auf dich, dann nimm einen oder zwei Begleiter mit und versuch es mit ihnen zusammen. Bleibt auch das ohne Erfolg, dann sag es der Gemeinde.
Schließlich fragte Petrus: Herr, wie oft muss ich meinem Bruder oder meiner Schwester vergeben, wenn sie sich gegen mich verfehlt haben? Sieben Mal? Jesus sagte zu Petrus: Nicht sieben Mal, sondern siebzig Mal sieben Mal.

Thematische Erschließung 2

L spricht:
Gott vergibt uns immer wieder, wenn wir etwas Böses getan oder etwas Gutes unterlassen haben. Er möchte, dass die Verbindung zu ihm und die Verbindung unter uns Menschen wieder in Ordnung kommt. Das geht nicht ohne Vergebung. Auch Jesus hat uns das deutlich vor Augen geführt.
Doch wir wissen aus vielen Situationen und Ereignissen: Vergeben ist oft schwer und braucht manchmal auch lange Zeit.

Wie kann Vergebung geschehen? Was ist dabei wichtig?

Im Gespräch (auch die Eltern können einbezogen werden!) wichtige Punkte zusammentragen:

- Ehrlich sagen, wenn mich etwas geärgert hat
- Jemandem, zu dem ich Vertrauen habe, meinen Ärger, meine Enttäuschung anvertrauen
- Mit dem/der Betreffenden reden
- Nachdenken
- Wieder die Hand geben
- Eine Entschuldigung annehmen
- Beten ...

Dass Vergebung und Versöhnung manchmal sehr schwierig ist, haben wir vorhin im Evangelium vernommen. Wir sollen nichts unversucht lassen: erst mit dem Betreffenden allein reden, dann noch jemanden mitnehmen. Und wenn das nichts nützt, die Gemeinde hinzuziehen.
Das zeigt, wie wichtig die Suche nach Versöhnung und wie wichtig dabei das Gespräch ist.
Und wir sollen in diesem Bemühen nicht nachlassen, nicht zu schnell sagen: Jetzt reicht's! Jetzt ist endgültig Schluss! Nicht sieben Mal sollen wir vergeben, also einige Male, sondern siebzig Mal sieben Mal, also immer wieder.
Wie geht es uns, wenn wir uns wieder versöhnt haben?

Antworten zusammentragen:

- Wir fühlen uns erleichtert.
- Wir sind richtig froh.
- Es ist wie Sonnenschein nach einem Gewitter.
- Die dunklen Gedanken sind wie weggeblasen ...

Lied: So ist Versöhnung

2. Wie ein Regen in der Wüste, frischer Tau auf dürrem Land,
Heimatklänge für Vermisste, alte Feinde Hand in Hand.
Wie ein Schlüssel im Gefängnis, wie in Seenot »Land in Sicht«,
wie ein Weg aus der Bedrängnis, wie ein strahlendes Gesicht.

3. Wie ein Wort von toten Lippen, wie ein Blick, der Hoffnung weckt,
wie ein Licht auf steilen Klippen, wie ein Erdteil, neu entdeckt.
Wie der Frühling, wie der Morgen, wie ein Lied, wie ein Gedicht,
wie das Leben, wie die Liebe, wie Gott selbst, das wahre Licht.

T: Jürgen Werth M: Johannes Nitsch
Aus: Ich will dir danken

Fürbitten

Guter Gott, Jesus fordert uns zur Vergebung auf. Du selbst vergibst uns immer wieder.

Wenn uns jemand ärgert und wehtut:
(Alle:) Lass uns Wege der Versöhnung finden!

Wenn jemand die Unwahrheit sagt:
Lass uns Wege der Versöhnung finden!

Wenn es Streit gibt mit unseren Eltern oder Geschwistern:
Lass uns Wege der Versöhnung finden!

Wenn wir selbst zu Streit und Unfrieden beitragen:
Lass uns Wege der Versöhnung finden!

Vater unser

L spricht:
Bevor wir das Vaterunser beten, wollen wir uns an den Händen fassen. Wir wollen vor allem auf die Bitte achten: »Und vergib uns unsere Schuld, wie auch wir vergeben unseren Schuldigern.«

Gebet

Guter Gott, du sagst uns,
dass wir einander immer wieder vergeben sollen.
Das fällt uns manchmal schwer.
Hilf uns mit deiner großen Liebe,
dass wir verzeihen können.
Hilf uns, miteinander zu sprechen
und die Hand zur Versöhnung zu reichen.
Begleite und beschütze uns
heute und in den kommenden Tagen.
Amen.

Segen

Lied: Friedensnetz

(Troubadour 52 / Schwerter Liederbuch 281)

7 (K)einer wie der andere

Alter: 8–12 Jahre

Thema:
Ablehnung Jesu in seiner Heimatstadt
Anderssein (»Berufung«) als Grund von Ablehnung und Ausgrenzung

Bibelstellen:
Mk 6,1–6a par. Ablehnung Jesu in seiner Heimatstadt

Hinführung

Im Evangelium, das diesem Gottesdienst zu Grunde liegt, wird eine besondere Form von Ablehnung und Ausgrenzung thematisiert: An Jesus wird, obwohl ein Einheimischer, in seiner Heimatstadt Nazaret Anstoß genommen. Er passt nicht in das gewohnte Bild eines »normalen« Nazareners und Mitbürgers. Er predigt und heilt im Namen Gottes, mit Weisheit und Macht. Das wird als Anmaßung empfunden. Sein göttlicher Auftrag wird nicht akzeptiert.
Der Zugang zu dieser biblischen Perikope wird zunächst anhand des ersten Teils einer Fabel ermöglicht: Einer aus der Gruppe wird von den anderen abgelehnt, weil er anders ist. Er wird zum Außenseiter, zum Sonderling, weil er eine besondere Gabe, eine besondere Eigenschaft hat, die die anderen nicht kennen und auch nicht akzeptieren wollen.
Im Mittelpunkt steht dann die Perikope von der Ablehnung Jesu in seiner Heimatstadt Nazaret.
Schließlich wird im Rückgriff auf den zweiten Teil der Fabel eine Alternative im Umgang mit Menschen mit einer besonderen »Berufung« deutlich: Offen sein, Hinhören, das Wertvolle erspüren, sehen, wahrnehmen.
Neben der Fabel in ihren beiden Teilen spielt das Lied »(K)einer ist wie der andere« für den inhaltlichen Fortgang eine tragende Rolle, indem es die wichtigen Abschnitte jeweils vertieft und abschließt und diese Teile zu einem Ganzen zusammenführt.

Lied: Eines Tages kam einer
(Troubadour 200 / Schwerter Liederbuch 170)

Gebet

Guter Gott, in Jesus Christus
bist du uns Menschen ganz nahe gekommen.
In seinen Worten, in seinen Wundern,
in seinen Zeichen von deiner neuen Welt
warst du zugegen.
Vielen gab er Kraft, Mut und Zuversicht.
Manche nahmen daran Anstoß.
Lass uns immer wieder
in ihm deine Nähe spüren
und daraus Freude und Kraft gewinnen.
Amen.

Thematische Erschließung 1

Der Elefant, der sang, Teil 1

Der Elefant hieß Kai-to. Er war winzig klein und stand unter dem Bauch seiner Mutter. Die Gräser sah er, die Blumen und die Füße der anderen Elefanten. Das war seine Welt.
Aber er war anders als die anderen Elefanten. Er sang.
»Psst!«, zischte die Mutter. »Sei still! Elefanten singen nicht!«
Da sperrte Kai-to das Lied in sich ein und schwieg.
Doch eingesperrte Lieder wollen frei sein. Als Kai-to größer wurde, trat er unter dem Bauch seiner Mutter hervor. Den Himmel sah er und den geheimnisvollen Urwald mit seinen Tieren.
Da konnte Kai-to nicht länger still sein. Er hob die Stimme und sang.
»Ruhe!«, brüllte die Elefantenherde. »Noch nie hat ein Elefant gesungen! Wir können nicht dulden, dass du singst.«
Der Leitelefant hatte zum Glück nichts gemerkt. Er war schon alt und hörte nicht gut. Manchmal fiel er in ein Loch, und die ganze Herde stolperte hinterher. Aber sie folgte ihm trotzdem.
Tag für Tag zogen die Elefanten auf ihren Elefantenstraßen dahin. Der Leitelefant, der einen weißen Reiher auf dem Rücken trug, ging immer voraus. Sie tranken und fraßen und badeten. Und wenn sie untertauchten, hielten sie nur die Rüsselspitzen über Wasser.

Kai-to aber sang. Unterwegs sang er, wenn sie rasteten, und manchmal sang er sogar mit vollem Mund. Einmal geschah es, dass er nachts im Traum sang.

Da wurden alle alten Elefanten böse.

»Noch nie hat ein Elefant gesungen«, sagte der Leitelefant. »Also ist es verboten!« Und er jagte Kai-to fort. Wer aber einmal aus der Herde ausgestoßen wird, darf nie wieder zurückkehren ...

Kurzes Gespräch über den ersten Teil der Fabel:
Kai-to singt. Wieso tut er das?
Wieso wollen die anderen nicht, dass er das tut?

Die 1. Strophe des Liedes »(K)einer wie der andere« wird gesungen.

Lied: (K)einer wie der andere CD/MC 8

2. Hundert Nazarener und Jesus mittendrin.
Was sind das für Worte und worin liegt ihr Sinn?
Sagt, woher diese Weisheit, woher diese Macht?
Und was sind das für Wunder, die er bisher vollbracht?!
Wer kennt schon die Sehnsucht nach Gottes neuer Welt,
die Glut seiner Liebe, die in ihm drinnen brennt?!
Niemand spürt, niemand sucht, niemand sieht Gottes Licht.
Also rufen die Hundert: Wir brauchen dich nicht!

Refrain:
In Reih und Glied, eins wie das andre,
die Ohren taub, die Herzen blind.
Er gilt nicht viel im eignen Lande,
der Prophet, der aus der Reihe springt.

3. Hundert graue Leute und einer davon bunt.
Das ist nicht natürlich, nein, das ist nicht gesund!
Sagt, wozu diese Farben, wozu dieser Schein?!
Will der etwa am Ende etwas Besseres sein?!
Wer kennt schon die Hoffnung, die Zukunftsmelodie,
Träume eines Lebens voll bunter Fantasie?!
Jeder blickt auf den andern, nimmt zum Hören sich Zeit,
hält die Fenster zum Himmel ganz offen und weit.

Refrain:
Nicht Reih und Glied, keins wie das andre,
nicht Ohren taub, nicht Herzen blind.
Da zählt er viel unter den Menschen,
der, den Gott ruft – und ein Fest beginnt.

T und M: Wilfried Röhrig
Aus CD/MC Viele bunte Fäden

Evangelium (nach Mk 6,1–6a)

Eines Tages kam Jesus in seine Heimatstadt Nazaret. Seine Jünger begleiteten ihn. Als der Sabbat kam, lehrte er in der Synagoge, im Gotteshaus. Die Menschen, die ihm zuhörten, staunten über ihn und seine Worte. Sie sagten zueinander: Dieser Jesus, der ist ganz anders als wir. Woher hat er das alles? Was sind das für besondere Worte? Woher hat er diese Weisheit und diese Macht, mit der er redet? Und was sind das für Wunder, die durch ihn geschehen? Ist das nicht der Sohn der Maria, ein einfacher Zimmermann? Leben nicht seine nahen Verwandten mitten unter uns? Und sie nahmen Anstoß an ihm. Da sagte Jesus zu ihnen: Nirgends gilt ein Prophet weniger als in seiner Heimatstadt, bei seinen Verwandten und Bekannten und in seiner Familie. Er konnte dort in Nazaret keine Wunder tun; nur einigen Kranken legte er die Hände auf und heilte sie. Er war betroffen über ihre Ablehnung und ihren Unglauben.

Thematische Erschließung 2

Kurzes Gespräch über das Evangelium:
Was tut Jesus in seiner Heimatstadt Nazaret?
Aus welchen Gründen wird Jesus abgelehnt?
Wie reagiert Jesus?

Die 2. Strophe des Liedes »(K)einer wie der andere« wird gesungen.

Thematische Erschließung 3

Der Elefant, der sang, Teil 2

Die Elefanten zogen weiter die Elefantenstraße entlang. Sie tranken und fraßen und badeten. Kai-to folgte ihren Spuren. Manchmal sang er. Und wenn es auch traurig oder zornig klang, so war es trotzdem ein Lied.

»Kai-to singt«, sagten die jungen Elefanten. Sie mochten sein Lied. Unruhe überkam sie. Sie klatschten mit ihren mächtigen Ohren und hoben die Rüssel gegen den Leitelefanten.

Die Alten aber taten, als merkten sie nichts. Sie stellten sich taub.

»Kai-to soll wiederkommen!«, riefen die Jungen.

»Wenn Kai-to nicht zurückkommt, gehen wir auch!«

»Das ist noch nie geschehen«, sagte der Leitelefant.

»Denk nach!«, riefen die anderen. »Es ist Zeit!«

Der Leitelefant hatte schon lange nicht mehr nachgedacht.

»Ich brauche Ruhe«, bat er.

Aber die Affen in den Bäumen kreischten wie eh und je.

»Das ist alles noch nie geschehen«, sagte der Leitelefant, »dass ein Elefant singt, dass man sich gegen mich stellt und dass ich denken muss.«

»So geschieht dies alles zum ersten Mal«, sagten die Jungen. »Hol Kai-to zurück!«

»Ich würde gegen ein Elefantengesetz verstoßen.«

»Und?«, fragten die Jungen.

»Es ist ein altes Gesetz«, sagte der Leitelefant.

»Wenn ein Gesetz alt ist, muss es darum nicht gut sein«, riefen die jungen Elefanten. »Hol Kai-to!«

Da fügte sich der Leitelefant, und er ging zu Kai-to. Kai-to aber, der sich bedroht fühlte, warf vorsichtshalber mit Kokosnüssen.

»Wir holen dich zurück!«, schrien seine Freunde. »Dich und dein Lied!«

Da freute sich Kai-to, denn es ist nicht gut, allein zu sein. Als sie ihm einen Blumenkranz umhängen wollten, fraß er ihn auf. »Ich bin nichts Besonderes«, sagte er. »Ich bin nur jung, und ich singe.«

»Jag ihn fort!«, riefen seine Freunde und zeigten auf den Leitelefanten.

»Ich habe Erfahrung«, sagte der Leitelefant. »Ich weiß, wo die Wasserlöcher sind und vieles mehr.«

»Wir wollen miteinander gehen«, sagte Kai-to. »Du bist erfahren, und ich habe gute Augen.«
So zogen sie los. Viele Reiher waren plötzlich am Himmel, und auf jeden Elefantenrücken setzte sich einer von ihnen.
Seit damals geschieht es öfter, dass Elefanten geboren werden, die unter dem Bauch ihrer Mutter schon singen.

Gina Ruck-Pauquet

Kurzes Gespräch:
Wie verhalten sich die jungen Elefanten, wie der Leitelefant?
Welche Argumente bringen sie vor?
Kai-to und der Leitelefant gehen am Ende miteinander. Was schätzen sie jeweils am anderen?

Die 3. Strophe des Liedes »(K)einer wie der andere« wird gesungen.

Fürbitten

Guter Gott, Jesus hat deine Nähe zu uns sichtbar gemacht. Trotzdem lehnten ihn die Einwohner von Nazaret ab. Wir bitten dich:

Lass uns nicht vorschnell über andere urteilen, die anders sind als wir.
Gott, Vater aller Menschen: Wir bitten dich, erhöre uns!

Lass uns offen und dankbar sein, wenn du Menschen zu besonderen Aufgaben berufst.
Gott, Vater aller Menschen: Wir bitten dich, erhöre uns!

Lass die Tür unseres Herzens immer für Jesus offen sein. Stärke unsere Freundschaft mit ihm.
Gott, Vater aller Menschen: Wir bitten dich, erhöre uns!

Hilf uns, dass wir einander schätzen mit unseren unterschiedlichen Begabungen und Talenten.
Gott, Vater aller Menschen: Wir bitten dich, erhöre uns!

Lass das Verständnis und die Offenheit zwischen Menschengruppen und Völkern wachsen!
Gott, Vater aller Menschen: Wir bitten dich, erhöre uns!

Vater unser

Gebet

Guter Gott,
wir danken für unser Zusammensein.
Wir danken für dein Wort.
Wir danken für die frohe Gemeinschaft
mit dir und untereinander.
Wir danken für unterschiedliche Aufgaben
und Berufungen, die du uns schenkst.
Amen.

Segen

Lied: Vater, du hast uns einen Namen geschenkt
(Troubadour 427)

8 Gottes Ruf hören

Alter: 6–10 Jahre

Thema:
Hören
Abraham
Fastenzeit

Bibelstellen:

Gen 12,1–4a	**Abrahams Berufung**
1 Sam 3,1–18	Die erste Offenbarung an Samuel
Lk 1,26–38	Die Verheißung der Geburt Jesu

Hinführung

Dieser Gottesdienst möchte einstimmen auf die Fastenzeit, die österliche Bußzeit. Drei Aspekte/Schritte sollen zur Sprache kommen:

- Die Ohren sind für uns ein ganz wichtiges Sinnesorgan. Um etwas wirklich zu hören, ist es wichtig, genau hinzuhören, zu lauschen. Oft hören wir mit unseren Ohren nur das, was wir gerne hören wollen oder was wir gewohnt sind.
- *Abraham* ist offen für Gottes (leise) Stimme. Er vernimmt seinen Ruf und ist bereit, das »alte Land« zu verlassen. Er vertraut dem Versprechen Gottes (neues Zuhause, Segen).
- Fastenzeit/österliche Bußzeit kann verstanden werden als Ruf Gottes zu einer Zeit der *Erneuerung* durch Aufbrechen vom »alten Land« (Hektik, Lärm, Taubsein füreinander und für Gott) ins »neue Land« (Zeit für Stille und Gebet, aufeinander hören, Hinhören auf die Stimme Gottes).

Materialien

- Stellwand (ersatzweise Decke oder großes Tuch, von zwei Personen gehalten)
- Kassettenrekorder und Kassette mit Vogel- oder Tierstimmen
- einige kleine Geldstücke.

Vorbereitungen

Die Stellwand ist aufgebaut; dahinter befindet sich – für die Gottesdienstteilnehmer nicht sichtbar – der Kassettenrekorder und ein Mitglied des Vorbereitungskreises mit den Geldstücken in der Hand.

Lied: Es läuten alle Glocken
(Troubadour 393 / Schwerter Liederbuch 3)

Gebet

Guter Gott,
vor wenigen Tagen haben wir Fastnacht gefeiert.
Wir haben uns verkleidet.
Wir waren froh und ausgelassen und haben viel Lärm gemacht.
Nun ist Fastenzeit.
Wir bereiten uns auf Ostern vor.
Schenke uns in diesem Gottesdienst neue Gedanken
und den Mut der Erneuerung auf dem Weg hin zum Osterfest.
Amen.

Thematische Erschließung 1

Zwei Kinder werden nach vorne gebeten, um die Decke bzw. das Tuch zu halten.
L spricht:
Ihr seid alle wach? Eure Hände? Eure Füße? Eure Augen? Eure Ohren?
Prima. Eure Ohren, die braucht ihr jetzt. Hinter der Stellwand werdet ihr einige Geräusche hören. Welche, das verrate ich euch nicht. Hört genau hin. Wenn ich fertig bin, werde ich euch fragen, was ihr alles wahrgenommen habt.

Eine Person aus dem Vorbereitungsteam lässt die Kassette mit den Vogel- bzw. Tierstimmen laufen. Zwischendrin fallen die Münzen – hörbar, aber nicht sichtbar – zu Boden.
Dann erfolgt ein kurzer Austausch darüber, welche Stimmen und Geräusche die Kinder erkannt haben.

Ich erzähle euch jetzt eine Geschichte, in der es auch um Stimmen und Geräusche geht.

Der Indianer und die Grille

Ein Indianer ging kürzlich mit einem weißen Mann durch eine große Stadt. Es herrschte großes Treiben: Menschen gingen eilig durch Passagen und Gehwege, Autos hupten und bremsten und gaben dann wieder Gas, dass die Reifen quietschten; dazu das Schreien eines Verkäufers an einer Würstchenbude. Plötzlich hielt der Indianer inne, legte seine Hand auf die Schulter seines weißen Begleiters und sagte: »Tatsächlich! Es gibt sie auch heute noch in dieser Stadt.« Der Weiße fragte zurück: »Was siehst du oder was hörst du?« Der Indianer fragte zurück: »Hörst du nicht die Grillen zirpen, ganz in der Nähe?« »Nein!«, sagte der Weiße, »was ihr Indianer doch für feine Ohren habt.«
Doch der Indianer schüttelte den Kopf, nahm ein Geldstück aus der Tasche und ließ es zu Boden fallen. Da drehten sich mindestens zwanzig Leute um, zwei bückten sich schon gleichzeitig, um es aufzuheben.
Der Indianer aber sagte: »Siehst du, das Geldstück war nicht lauter als die Grille, und alle haben es gehört. Man hört eben nur das, was man *gerne* hören will!«

Herkunft unbekannt

Thematische Erschließung 2a

L spricht:
Wir werden jetzt von einem anderen Mann hören und von ihm singen. Der Mann heißt Abraham. In der Bibel werden viele Geschichten von ihm berichtet. In der heutigen geht es auch um das Hören, jedoch nicht um Grillen oder Geldstücke wie eben, sondern um die Stimme Gottes.
Abraham hatte Gott sehr lieb. Deshalb sagte er sich: Wenn Gott mich liebt, dann meint er es gut mit mir. Ich kann mich ihm anvertrauen. Und darum ist es wichtig, dass ich genau hinhöre, was er von mir möchte.

Lesung (nach Gen 12,1–4a)

Abraham war schon im fortgeschrittenen Alter. Eines Tages sprach Gott, der Herr, zu Abraham: Verlass deine Heimat, deine Verwandten und Bekannten, die gewohnte Umgebung, das Land, in dem du bisher

gelebt hast. Zieh weg in ein Land, das ich dir zeigen werde. Ich werde dich zu einem großen Volk heranwachsen lassen.
Ich will dich segnen und deinen Namen groß machen. Durch dich sollen alle Völker der Erde Segen erlangen. Da zog Abraham weg, wie Gott, der Herr, ihm gesagt hatte.

Thematische Erschließung 2b

L spricht:
Abraham ist Wanderhirte. Er hört den Ruf Gottes. Er soll das »alte Land«, seine bisherige Heimat, verlassen. Seine Familie, seine ganzen Herden soll er mitnehmen. Er soll in ein »neues Land« ziehen, das Gott ihm zeigen wird. Und er soll zum Segen werden für viele Menschen.

Lied: Gottes Ruf hören

CD/MC 7

2. Auf dich wartet ein neues Land,
wartet ein neues Zuhaus;
du sollst ein Segen für viele Menschen sein!
So spricht deine Stimme zu mir
und ich sage zu dir:

Refrain

T und M: Wilfried Röhrig
Aus: CD/MC Viele bunte Fäden
Rechte: rigma Musikverlag

Thematische Erschließung 3

L spricht:
Wir stehen am Beginn der Fastenzeit, der österlichen Bußzeit. Abraham kann uns zeigen, was in diesen Wochen wichig ist:
Wir wollen aufbrechen vom »alten Land«, in dem es unruhig und laut ist, in das »neue Land«, in dem wir uns Zeit nehmen zum Stillsein und zum Beten. Wir wollen aufbrechen vom »alten Land«, in dem wir oft taub sind, in das »neue Land«, in dem wir hinhören auf die Stimme Gottes, in dem wir hinhören auf die Wünsche und Anliegen der Menschen, mit denen wir zusammenleben.
Wir wollen Gott vertrauen, weil er es gut mit uns meint.

Fürbitten

Guter Gott, vor dich wollen wir unsere Anliegen und Bitten tragen:

Lass uns in der Fastenzeit Ruhe und Stille finden, um auf dich zu hören und mit dir zu sprechen wie Abraham.
Gott unser Vater: Wir bitten dich, erhöre uns.

Schenke den Eltern offene Ohren für die Anliegen der Kinder und den Kindern offene Ohren für die Wünsche der Eltern.
Gott unser Vater: Wir bitten dich, erhöre uns.

Lass uns immer offene Ohren haben für die Nöte der Menschen, die uns begegnen in der Schule, im Kindergarten, am Arbeitsplatz.
Gott unser Vater: Wir bitten dich, erhöre uns.

Gib uns den Mut, wie Abraham deinem Ruf zu folgen.
Gott unser Vater: Wir bitten dich, erhöre uns.

Lied: Vater unser
(Troubadour 369 / Schwerter Liederbuch 77)

Gebet

Guter Gott, wir danken dir,
dass wir in deinem Namen hier versammelt waren.
Wir danken dir für das Beten und Singen.
Wir danken dir für unsere Ohren und unsere Herzen,
mit denen wir deine Stimme vernehmen können.
Und wir danken dir für das Beispiel des Abraham.
Hilf uns, wie er deine leise Stimme zu hören
und ihr zu folgen.
Amen.

Segen

Lied: Abenteurer Gottes
(in: Wilfried Röhrig, Willkommen hier in meinem Haus, Lahn-Verlag Limburg 1999, Seite 27)

9 Uns leuchtet ein Licht

Alter: 4–8 Jahre

Thema:
Dunkelheit und Licht (auch übertragen auf unser Leben)
Advent: Warten auf Jesus, das Licht

Bibelstellen:

Jes 9,1–6	**Das Volk, das im Dunkel lebt, sieht ein helles Licht**
Joh 8,12	Jesus ist das Licht der Welt

Hinführung

Licht gehört zu den menschlichen Grundsymbolen und auch zu den Grundsymbolen des christlichen Glaubens. In der Osterliturgie spielt es eine zentrale Rolle. Auch die Advents- und Weihnachtszeit ist ohne dieses Symbol nur schwer vorstellbar.
Der folgende Gottesdienstentwurf steht im Kontext der Adventszeit: Zunächst geht es um die unmittelbare sinnhafte Erfahrung von Dunkelheit und Licht (im Gottesdienstraum), dann um »dunkle« und »helle« Erfahrungen in unserem Leben, um Schatten und Dunkelheit auf der einen und Licht auf der anderen Seite.
Schließlich wird die explizit theologische Seite beleuchtet: Jesus ist das Licht, der Messias, der Retter, auf den das Volk Israel voll Sehnsucht gewartet hat.
Advent ist die Zeit, in der wir auf unser Licht, auf Jesus warten.

Materialien

- »Jesus-Kerze«
- schwarze Tücher
- Teelichter für alle Gottesdienstteilnehmer.

Vorbereitungen

Die Kirche ist dunkel, kein Licht und keine Kerze brennt. Die Gottesdienstteilnehmer sitzen möglichst in einem großen Kreis.

Lied: Unser Herr ist nah
(in: Wilfried Röhrig, Willkommen hier in meinem Haus, Lahn-Verlag Limburg 1999, Seite 43)

Gebet

Guter Gott, hier in der Kirche ist es dunkel.
Kein Licht leuchtet.
Keine Kerze brennt.
Doch wir Menschen brauchen Licht und Wärme zum Leben.
Ein Licht kann unsere Dunkelheit hell machen.
Ein Licht kann uns Wärme schenken.
Komm du als unser Licht zu uns.
Amen.

Thematische Erschließung 1

L spricht:
In der Kirche ist es jetzt dunkel. Manchmal ist es auch bei euch zu Hause dunkel, z. B. wenn ihr nachts aufwacht. Oder ihr wart schon mal im Dunkeln mit euren Eltern unterwegs. Wie ist das für euch? Wie fühlt ihr euch, wenn es dunkel ist?

Kinder erzählen lassen.

Dunkel kann es sein, wenn kein Licht brennt.
Dunkel kann es auch sein in unseren Herzen.
Wenn ich mutlos bin, dann ist es dunkel in meinem Herzen.

Ein schwarzes Tuch wird neben die »Jesus-Kerze« gelegt.

Wenn ich traurig und einsam bin, dann ist es dunkel in meinem Herzen.

Ein zweites schwarzes Tuch wird daneben gelegt.

Wenn ich lieblos bin und alles für mich allein haben will, dann ist es dunkel in meinem Herzen.

Ein drittes schwarzes Tuch wird dazu gelegt.

Wenn ich schlecht über andere rede oder nicht verzeihen will, dann ist es dunkel in meinem Herzen.

Ein viertes schwarzes Tuch wird dazu gelegt.

Dunkelheit ist nicht schön. Wir fühlen uns manchmal einsam oder verlassen. Manchmal haben wir auch Angst.
Wir sehnen uns nach Eltern, Geschwistern oder Freunden, die bei uns sind. Wir sehnen uns nach Licht.

Lesung (nach Jes 9,1–6)

Vor vielen hundert Jahren lebte ein Mann mit Namen Jesaja. Er war fromm. Er war erfüllt von Gottes Liebe. Er war ein Prophet.
In den Herzen der Menschen seines Volkes war es dunkel. Sie waren mutlos und niedergeschlagen. Sie waren traurig und bedrückt. Sie fragten sich: Wann kommt der Retter? Wann kommt der Messias? Denn dann wird es hell in unseren Herzen, dann können wir uns freuen.
Der Prophet Jesaja tröstete die Menschen. Er sagte zu ihnen:
Das Volk, das im Dunkel lebt, sieht ein helles Licht; über denen, die im Land der Finsternis wohnen, strahlt ein Licht auf. Gott schenkt den Menschen große Freude und sie jubeln laut.

Thematische Erschließung 2

Die Jesus-Kerze in der Mitte wird angezündet.
Die Gottesdienstteilnehmer werden aufgefordert, das Licht der Kerze in Stille zu betrachten.

Eine Kerze spendet Licht. Eine Kerze spendet auch Wärme.

Einige Kinder in die Mitte kommen lassen und sie bitten, eine Hand vorsichtig mit genügend Abstand über die brennende Kerze zu halten.

Das Licht macht hell, es wärmt, es bringt Freude, Gemütlichkeit, Wohlbehagen.

Evangelium (nach Joh 8,12)

Jesus sprach weiter zu den Leuten: »Ich bin das Licht für die Welt. Wer mir folgt, tappt nicht mehr im Dunkeln, sondern hat das Licht und mit ihm das Leben.«

L spricht:
Jesus ist also das Licht, das in unsere dunklen Herzen scheinen kann. Er kann uns neuen Mut schenken, Liebe, den Mut zum Verzeihen.

Lied: Uns leuchtet ein Licht CD/MC 12

2. Licht, wenn wir lieblos sind
und denken: »Nur ich allein!«
Licht, wenn wir herzlos sind,
schlecht reden und nicht verzeihn.

Refrain

T und M: Wilfried Röhrig
Aus: CD/MC Viele bunte Fäden

Thematische Erschließung 3

Auf den Philippinen erzählen sich die Leute folgende Geschichte:
Ein König hatte zwei Söhne. Als er alt wurde, da wollte er einen der beiden zu seinem Nachfolger bestellen. Er versammelte die Weisen seines Landes und rief seine beiden Söhne herbei. Er gab jedem der beiden fünf Silberstücke und sagte: »Ihr sollt für dieses Geld die Halle in unserem Schloss bis zum Abend füllen. Womit, das ist eure Sache.« Die Weisen sagten: »Das ist eine gute Aufgabe.«
Der älteste Sohn ging davon und kam an einem Feld vorbei, wo die Arbeiter dabei waren, das Zuckerrohr zu ernten und in einer Mühle auszupressen. Das ausgepresste Zuckerrohr lag nutzlos umher. Er dachte sich: »Das ist eine gute Gelegenheit, mit diesem nutzlosen Zeug die Halle meines Vaters zu füllen.« Mit dem Aufseher der Arbeiter wurde er einig und sie schafften bis zum späten Nachmittag das ausgedroschene Zuckerrohr in die Halle. Als sie ausgefüllt war, ging er zu seinem Vater und sagte: »Ich habe deine Aufgabe erfüllt. Auf meinen Bruder brauchst du nicht mehr zu warten. Mach mich zu deinem Nachfolger.« Der Vater erwiderte: »Es ist noch nicht Abend. Ich werde warten.«
Bald darauf kam auch der jüngere Sohn. Er bat darum, das ausgedroschene Zuckerrohr wieder aus der Halle zu entfernen. So geschah es. Dann stellte er mitten in die Halle eine Kerze und zündete sie an. Ihr Schein füllte die Halle bis in die letzte Ecke hinein.
Der Vater sagte: »Du sollst mein Nachfolger sein. Dein Bruder hat fünf Silberstücke ausgegeben, um die Halle mit nutzlosem Zeug zu füllen. Du hast nicht einmal ein Silberstück gebraucht und hast sie mit Licht erfüllt. Du hast sie mit dem gefüllt, was die Menschen brauchen.«

Fürbitten

Guter Gott, wir Menschen brauchen das Licht. Wir wollen dich bitten:

Für alle, die mutlos sind, bei denen es dunkel ist im Herzen:
(Alle:) Schenke ihnen dein Licht!

Für alle, die traurig und einsam sind:
Schenke ihnen dein Licht!

Für alle, die nur an sich selbst denken:
Schenke ihnen dein Licht!

Für alle, denen es schwer fällt zu verzeihen:
Schenke ihnen dein Licht!

Vater unser

Gebet

Guter Gott, wir warten in der Adventszeit
auf Jesus, deinen Sohn.
Er will uns das Licht bringen.
Ja, er ist selbst das Licht.
Und er möchte, dass wir anderen Menschen
von seinem Licht erzählen,
dass wir anderen Menschen sein Licht bringen.
Dann wird unser aller Leben hell und froh.
Amen.

Segen

Lied: Du bist das Licht der Welt
(Troubadour 59 / Schwerter Liederbuch 267)

Alle Gottesdienstteilnehmer erhalten als Adventsandenken ein kleines Teelicht.

10 Viele bunte Fäden

Alter: 8–12 Jahre

Thema:
Familie(n) als buntes Netz
Was wir beitragen können
Gottes unsichtbare Fäden, die uns untereinander und mit ihm verbinden

Bibelstellen:

Joh 15,9–17	**Dies trage ich euch auf: Liebt einander!**
1 Kor 12,12–31a	Der eine Leib und die vielen Glieder
Kol 3,12–14	Vor allem aber: Liebt einander

Hinführung

Die Grundzüge dieses Gottesdienstes und auch das Titellied entstanden anlässlich eines Familienfestes, eines Familientages unter dem Motto »Wir knüpfen das Netz unserer Familie(n)«.
Die Bedeutung der Familie für unser Leben und für unseren Glauben sollte zur Sprache gebracht und erfahrbar werden – im Bild eines bunten Netzes. Und damit verbunden auch Gefahren und Belastungen, denen Familien heute ausgesetzt sind.
Die verschiedenen Farben können wichtige Grundwerte im Zusammenleben einer Familie verdeutlichen: Liebe, Treue, Hoffnung, ...
Und schließlich gilt es, Gottes (unsichtbare) Fäden aufzugreifen und nach oben zu ihm und untereinander zu knüpfen.

Materialien

- bunte Wollfäden für alle Gottesdienstteilnehmer (ca. 1 m lang und möglichst dick!)

Vorbereitungen

Jede/r Teilnehmer/in erhält vor Beginn des Gottesdienstes einen Faden.
Sechs Kinder oder Erwachsene ansprechen (für jede Farbe eine Person), die an der entsprechenden Stelle (nach dem Evangelium) nach vorne kommen und ihre Farbe »erklären«.

Lied: Gott spannt leise feine Fäden

2. Sieh doch einen Anfang, wo es zu vertrauen gilt,
auch wenn die Erfahrung dir das Gegenteil befiehlt.
Sieh doch einen Anfang und fang zu vertrauen an.

3. Sieh doch einen Anfang, wo du zu teilen vermagst
und trotz deiner Ängste von dir zu geben wagst.
Sieh doch einen Anfang und fang zu teilen an.

4. Sieh doch einen Anfang, wo du nicht weiter weißt
und du deine Sehnsucht hinaus in die Stille schreist.
Sieh doch einen Anfang und fang zu beten an.

T und M: Clemens Bittlinger
Aus: Mensch sing mit

Gebet

Gott, als Familien, als Eltern und Kinder
hast du uns zusammengerufen.
Du schenkst uns feine, unsichtbare Fäden.
Sie verbinden uns miteinander.
Sie halten uns zusammen und stiften Gemeinschaft.
Sie verbinden uns aber auch mit dir.
Stärke du in dieser Feier unsere Verbundenheit.
Amen.

Thematische Erschließung 1:

L spricht:
Wie ihr seht, hält jeder von uns einen bunten Faden in der Hand. Zusammen sind das ganz, ganz viele Fäden. Und diese Fäden haben unterschiedliche Farben. Da gibt es rote, blaue, grüne, weiße, schwarze und lila Fäden.
Was hat es mit diesen Fäden auf sich? Dazu wollen wir zunächst eine Geschichte hören:

Das Märchen vom bunten Netz

Das Dorf Farbenfroh lag am Rand der großen, lauten Welt. Die Familien waren dort sehr glücklich. Sie teilten miteinander und halfen sich in jeder Not. Die Kinder hatten viel Platz zum Spielen und alle hatten viel Zeit füreinander. Die Familien in Farbenfroh waren nicht reich. Sie arbeiteten wie andere auch, aber sie hatten Freude an der Arbeit. Es war etwas Eigenartiges mit diesem Dorf und seinen Menschen. Wenn die Sonne schien, konnten es alle sehen: Ein buntes Netz spannte sich über das Dorf. Es war so fein geknüpft, dass nichts Böses von draußen hineindrang. In der Sonne strahlte es lauter Licht und Freude aus und jeder, der davor stand, staunte.
Die Menschen aus der großen Stadt sahen das Glück der Bewohner von Farbenfroh und wurden neidisch. Sie wollten es ihnen rauben. Aber sie kamen nur bis zu dem bunten Netz, das sich über das Dorf spannte und durch das nichts Böses eindringen konnte. Wie an einer Mauer prallte alles daran ab.
Die kleinen und die großen Leute in Farbenfroh wunderten sich manchmal, dass es draußen so ganz anders zuging als bei ihnen. Eines Tages verbreitete sich das Gerücht: Die Menschen in der großen Stadt

leben glücklicher als wir. Die anderen Menschen sind reicher als wir. Immer mehr sprachen es aus. Immer lauter wurde das Gerücht. Immer mehr Menschen in Farbenfroh drängten sich an den Rand des Dorfes und schauten gebannt in die Richtung der großen Stadt, die abends voller bunter Lichter leuchtete. »Wir wollen in die große Stadt!«, riefen erst einige, dann immer mehr. »Aber wir können nicht gehen, das bunte Netz hindert uns daran«, riefen andere. »Dann schneidet doch ein Loch hinein!«, antworteten die einen.

Es dauerte nicht lange, da kam einer und schnitt mit einer großen Schere ein Loch in das Netz, so groß, dass man ein- und aussteigen konnte. Zuerst waren es nur einige, die durch das Loch nach draußen krochen. Aber es genügte, um die Unruhe der kleinen und großen Leute in Farbenfroh zu vergrößern.

Die Menschen, die hindurchgestiegen waren, erzählten seltsame Geschichten aus der großen Stadt. Dort wären so hohe Häuser, dass bequem alle Familien von Farbenfroh darin Platz hätten. Sie erzählten von vielen Geschäften und Kaufhäusern, von Geld, das in großen Banken lagerte, vom Schmuck der Frauen und dem Reichtum der Männer. Sie berichteten von vielen Autos und Eisenbahnen, die im Bauch der Erde fahren würden. Immer mehr Menschen stiegen durch das Loch im bunten Netz, immer neue Löcher kamen hinzu. Die kleinen und großen Leute von Farbenfroh waren auf der Suche nach dem großen Glück. In Farbenfroh änderte sich alles. Die Eltern hatten keine Zeit mehr für ihre Kinder. Abends ließen sie diese allein und fuhren in die große Stadt, um sich dort zu vergnügen. Die alten Menschen mussten nun oft lange warten, ehe ihnen jemand half. Alle waren nur mit sich selbst beschäftigt.

Schilder wurden aufgestellt, auf denen die Kinder lasen: »Ballspielen verboten«, oder »Rasen betreten untersagt«. Keiner blieb mehr beim anderen stehen. Alle hasteten duch die Straßen und riefen einander zu: »Wir haben keine Zeit!« Einer wollte mehr verdienen als der andere, einer wollte berühmter sein als der andere. Die Leute setzten einen Titel vor ihre Namen und ließen sich damit anreden. Unruhe, Neid und Streit griffen immer mehr um sich. Die kleinen und großen Leute von Farbenfroh wurden immer unglücklicher. Das bunte Netz war längst an vielen Stellen durchlöchert. Nur hier und da hielt es noch. Hier und da gab es noch Menschen, die Zeit füreinander hatten, und Familien, die zusammenhielten. Hier und da blieben noch Leute stehen und schauten auf das bunte Netz, das – wenn die Sonne schien –

funkelte und strahlte. Dann gingen sie traurig weiter und dachten an früher, als das bunte Netz über das ganze Dorf gespannt war. Und der eine oder andere machte sich heimlich daran, das Netz wieder neu zu knüpfen und das Loch an einer Stelle zu schließen. Und wenn es ihm gelang, dann kehrte das Glück zurück, und er erzählte davon den anderen. Gemeinsam träumten sie davon, dass das bunte Netz eines Tages wieder über den ganzen Ort gespannt wäre und das Glück wiederkäme. Und einige träumten sogar davon, dass auch einmal ein buntes Netz über der großen Stadt zu sehen sei und alle Menschen und alle Familien glücklich wären, wirklich alle.

Nach W. Brunners

Evangelium (nach Joh 15,9–17)

Wie mich der Vater geliebt hat, so habe auch ich euch geliebt. Bleibt in meiner Liebe! Wenn ihr meine Gebote haltet, werdet ihr in meiner Liebe bleiben, so wie ich die Gebote meines Vaters gehalten habe und in seiner Liebe bleibe. Dies habe ich euch gesagt, damit meine Freude in euch ist und damit eure Freude vollkommen wird. Das ist mein Gebot: Liebt einander, so wie ich euch geliebt habe. Es gibt keine größere Liebe, als wenn einer sein Leben für seine Freunde hingibt. Ihr seid meine Freunde, wenn ihr tut, was ich euch auftrage. Ich nenne euch nicht mehr Knechte; denn der Knecht weiß nicht, was sein Herr tut. Vielmehr habe ich euch Freunde genannt; ich habe euch alles mitgeteilt, was ich von meinem Vater gehört habe. Nicht ihr habt mich erwählt, sondern ich habe euch erwählt und dazu bestimmt, dass ihr euch aufmacht und Frucht bringt und dass eure Frucht bleibt. Dann wird euch der Vater alles geben, um was ihr ihn in meinem Namen bittet. Dies trage ich euch auf: Liebt einander!

Thematische Erschließung 2

L spricht:
Wir träumen von Familien Farbenfroh in vielen Städten und Dörfern, auch hier in ... (Ortsname einsetzen), die zufrieden und glücklich miteinander leben.
Dort wohnen kleine und große, junge und alte Menschen. Und sie sehen und spüren ein buntes, feines Netz, das sie zusammenhält, das

ihnen Vertrauen und Zuversicht schenkt. Und sie knüpfen jeden Tag an diesem Netz und fügen bunte Fäden ein.

Sie knüpfen rote Fäden der Liebe.
Alle, die einen roten Faden haben, halten diesen in die Höhe.
Dieser Faden bedeutet:
Der/Die Mitarbeiter/in mit dem roten Faden spricht:
Ich schenke dir meine Zeit.
Ich höre dir zu.
Ich versuche dich zu verstehen.

Sie knüpfen blaue Fäden der Treue.
Alle, die einen blauen Faden haben, halten diesen in die Höhe.
Dieser Faden bedeutet:
Der/Die Mitarbeiter/in mit dem blauen Faden spricht:
Du kannst dich auf mich verlassen.
Ich bin immer bei dir.
Ich begleite dich durch dick und dünn.

Sie knüpfen grüne Fäden der Hoffnung.
Alle, die einen grünen Faden haben, halten diesen in die Höhe.
Dieser Faden bedeutet:
Der/Die Mitarbeiter/in mit dem grünen Faden spricht:
Ich sage dir ein gutes Wort
Ich helfe dir.
Ich zeige dir neue Wege.

Sie knüpfen weiße Fäden der Freude.
Alle, die einen weißen Faden haben, halten diesen in die Höhe.
Dieser Faden bedeutet:
Der/Die Mitarbeiter/in mit dem weißen Faden spricht:
Ich freue mich, dass es dir gut geht.
Wir spielen zusammen.
Wir feiern zusammen ein Fest.

Sie knüpfen schwarze Fäden der Trauer.
Alle, die einen schwarzen Faden haben, halten diesen in die Höhe.
Dieser Faden bedeutet:
Der/Die Mitarbeiter/in mit dem schwarzen Faden spricht:
Ich sehe, wenn dich etwas bedrückt.
Ich teile deinen Schmerz.
Ich tröste dich.

Sie knüpfen lila Fäden der Umkehr.
Alle, die einen lila Faden haben, halten diesen in die Höhe.
Dieser Faden bedeutet:
Der/Die Mitarbeiter/in mit dem lila Faden spricht:
Ich bitte um Verzeihung.
Ich bin dir wieder gut.
Ich reiche dir die Hand.

Und sie ergreifen den unsichtbaren Faden, der vom Himmel herunterreicht und den Gott ihnen schenkt:
Bleibt in meiner Liebe.
Haltet meinen Faden fest.
Knüpft am Netz eurer Familie(n).

Aktion

L spricht:
Wir wollen jetzt miteinander das Netz unserer Familie(n) knüpfen: Jeder bleibt an seinem Platz. Wir knoten unseren Faden mit den Fäden unserer Nachbarn rechts oder links, vorne oder hinten zusammen. So entsteht in unserer Kirche ein großes, buntes Netz ...

Lied: Viele bunte Fäden

CD/MC 3

10 Viele bunte Fäden

2. Manchmal bin ich böse,
frech und wirklich ganz gemein,
sage schlimme Wörter, trete an das Bein.
Und manchmal bin ich freundlich zu Mama und Papa,
lache und bin gut,
teile meine Sachen gern,
mache allen Mut.

Refrain:
... buntes Netz des Lebens, zwischen uns gespannt.

3. Manchmal bin ich stürmisch,
ungestüm und schrecklich laut,
dass sich wirklich niemand in die Nähe traut.
Und manchmal bin ich leise mit Mama und Papa,
mach die Augen zu,
wir lauschen auf den Sommerwind
und du, Gott, schaust uns zu.

Refrain:
... buntes Netz des Lebens, über uns gespannt.

T und M: Wilfried Röhrig
Aus: CD/MC Viele bunte Fäden
Rechte: rigma Musikverlag, Viernheim

Fürbitten

Herr Jesus Christus, wir bitten dich für alle Familien: Lass das Netz der Verbundenheit untereinander stark sein. Lass uns immer wieder Gemeinsamkeit in der Familie erleben.
Herr Jesus Christus: Wir bitten dich, erhöre uns!

Lass uns genügend Zeit füreinander haben. Lass uns vieles miteinander unternehmen, was uns als Familie verbindet.
Herr Jesus Christus: Wir bitten dich, erhöre uns!

Du bist die Quelle der Liebe. Lass die Verbindung zu dir nicht abreißen. Schenke uns Zeit und Gelegenheit zum Gebet.
Herr Jesus Christus: Wir bitten dich, erhöre uns!

Schenke uns Geduld und Nachsicht gegenüber Fehlern und Schwächen. Lass uns einander in Liebe begegnen.
Herr Jesus Christus: Wir bitten dich, erhöre uns!

Schenke uns immer wieder die Bereitschaft zur Versöhnung.
Herr Jesus Christus: Wir bitten dich, erhöre uns!

Mache unsere Gemeinde und unsere Kirche zu einem lebendigen Netz, in dem wir und unsere Familien gehalten sind.
Herr Jesus Christus: Wir bitten dich, erhöre uns!

Lass das Netz des Friedens zwischen Eltern und Kindern, zwischen Konfessionen und Kirchen, zwischen Gruppen und Völkern immer dichter werden.
Herr Jesus Christus: Wir bitten dich, erhöre uns!

Vater unser

L spricht:
Wir sind untereinander und mit Gott verbunden. Er ist unser Vater und ihn ihm sind wir alle Schwestern und Brüder. Deshalb wollen wir

miteinander das Gebet sprechen, das uns untereinander als Christen verbindet.

Friedensgruß/ Aktion

L spricht:
Die Verbundenheit mit Jesus Christus und untereinander, wie sie durch die vielen Fäden zum Ausdruck kommt, ist schön. Es wäre toll, wenn diese Verbundenheit so weiterbestehen, ja vielleicht sogar noch wachsen könnte.
Wir können uns ein Zeichen dieser Verbundenheit schenken:
Jeder nimmt ein Stück aus dem Netz (Eltern können den Kindern beim Zerreißen des Netzes helfen) und bindet es jemandem, der neben ihm steht, um das Handgelenk.
Dieser Faden, den wir mit nach Hause nehmen, soll uns an unser Netz erinnern, das uns unsichtbar miteinander und mit Gott verbindet.

Gebet

Gott, unser Vater,
das Leben in Gemeinschaft,
das Leben in Familien ist dir wichtig.
Auch dein Sohn Jesus Christus
ist in einer Familie aufgewachsen.
Mach, dass wir uns in unseren Familien
verstehen, ertragen und lieben.
Lass uns jeden Tag an unserem bunten Netz weiterknüpfen.
Lass uns glücklich werden miteinander
in gemeinsamer Liebe zu dir.
Amen.

Segen

Lied: Kindermutmachlied
(Troubadour 129 / Schwerter Liederbuch 221)

11 Ein Haus aus lebendigen Steinen

Alter: 6–10 Jahre

Thema:
Wir (»Steine«) bilden eine Gemeinschaft (»Haus«)
In Jesus Christus sind wir lebendiges Haus Gottes
Jeder ist ein »lebendiger« Stein

Bibelstellen:

1 Petr 2,4–5	**Lasst euch als lebendige Steine zu einem geistigen Haus aufbauen**
2 Kor 3,2–3	Unser Empfehlungsschreiben seid ihr
1 Kor 12,12–31a	Der eine Leib und die vielen Glieder

Hinführung

Im Mittelpunkt des Gottesdienstes soll die »Magna Charta« des gemeinsamen Priestertums aller Glaubenden aus dem 1. Petrusbrief stehen: »Lasst euch als lebendige Steine zu einem geistigen Haus aufbauen, zu einer heiligen Priesterschaft.«
Ansatz- und Ausgangspunkt ist das Bild von den *Steinen* und dem *Haus*, das der Bibelstelle zugrunde liegt und das einen unmittelbaren Bezug zum Erleben und Erfahren der Kinder (und Erwachsenen) darstellt: Jeder ist Teil der Gemeinschaft (ein Stein im Haus); jeder ist an seiner Stelle wichtig und wertvoll. Wir sind aufeinander angewiesen und sollen einander stützen und helfen.
In einem zweiten Schritt kann die theologische/christologische Dimension problemlos eingebracht werden: Das Haus wird – deutlich sichtbar im Kirchturm und im »Fundament«, auf dem das Haus steht – zum *Gottes-Haus*: wir sind (in Jesus Christus) Haus Gottes, Haus Jesu Christi. Und er ist es, der dieses Haus letztlich baut und zusammenhält.
In einem dritten und letzten Schritt soll der Aspekt der »Lebendigkeit« deutlich werden: Wir sind (in Jesus Christus) *lebendige Steine* mit Händen und Füßen, mit Augen und Ohren, mit Herz und Verstand. Das können wir spüren und besingen. Und das soll deutlich werden in unserem Leben und Handeln.

Materialien

- zahlreiche (Schuh-)Kartons, für jeden Gottesdienstteilnehmer einen. Die Kartons sollten außen unbeschriftet sein (evtl. mit weißem Papier überkleben)
- (Wachsmal-)Stifte zum Beschriften der Kartons
- »Bodenplatte« aus Karton mit einem Jesus-Bild oder der Aufschrift »Jesus Christus«
- »Kirchturm«: großer, hochkant stehender Karton mit Dach und Kreuz.

Vorbereitungen

Auch wenn der organisatorische Aufwand umfangreich ist: Es lohnt sich (im Sinne der Anschaulichkeit), die vielen Kartons zu besorgen und das »Gottes-Haus« eigenhändig zu bauen!
Wer ein unliebsames Durcheinander beim Bau des Gottes-Hauses im Gottesdienst vermeiden möchte, sollte diesen vorher mit den vorhandenen Kartons ausprobieren!
Zudem wäre es schön, wenn das bunte »Gottes-Haus« einige Wochen in der Kirche stehen bleiben könnte zum Nach-Erleben und zur Erinnerung.

Lied: Willkommen hier in meinem Haus
(in: Wilfried Röhrig, Willkommen hier in meinem Haus, Lahn-Verlag Limburg 1999, Seite 11)

Gebet

Guter Gott, es ist Sonntag.
Die Glocken haben geläutet.
Du rufst uns.
Wir haben uns auf den Weg gemacht,
die Großen und die Kleinen.
Wir dürfen alle zur großen Gemeinschaft
der Christen gehören.
Lass uns dein Wort hören.
Lass uns deine Gegenwart feiern.
Amen.

Aktion / Thematische Erschließung 1

Die *»Steine«* für den Bau des Gottes-Hauses werden vorbereitet: Dazu werden die Kartons ausgeteilt und jede/r schreibt seinen/ihren Namen darauf. Eltern helfen den Kindern, die noch nicht schreiben können.
Die Steine werden nach vorne gebracht und unter Anleitung derjenigen, die es zuvor ausprobiert haben, zu einem *Haus* zusammengefügt. Alle, die fertig sind und ihren Stein eingebracht haben, setzen oder stellen sich um das Haus.

L spricht:
Ein großes, buntes Haus ist aus unseren Steinen entstanden, aus großen und kleinen Steinen. Jeder von uns ist mit dabei, jeder von uns zählt.
Doch unser Haus ist noch nicht fertig. Es soll ein ganz besonderes Haus werden, nämlich ein Gottes-Haus:
Da ist zum Ersten wichtig, worauf es steht, was ihm Halt gibt und festen Stand: Jesus Christus. Er ist das Fundament.
Dann gehört ein Kirchturm dazu (dieser wird angefügt). *Damit ist das Gottes-Haus weithin sichtbar und ragt aus den übrigen Häusern heraus.*
Dieser Turm hat Glocken, die uns zum Gottesdienst rufen.
Er hat ein Kreuz auf seiner Spitze. Das ist ein Zeichen für Jesus Christus.
Wenn ich euch jetzt frage: Wer hat das Gottes-Haus gebaut?, werdet ihr sagen: Wir haben es gebaut. Das ist richtig, aber zugleich gilt: Gott selbst ist es, der dieses Haus (durch uns und mit uns) baut. Er hat uns (durch die Taufe) zu lebendigen Steinen in seinem Haus berufen.

Lied: Gott baut ein Haus

2. Gott baut ein Haus, das lebt; wir selber sind die Steine, sind große und auch kleine, du und ich.
3. Gott baut ein Haus, das lebt, aus ganz, ganz vielen Leuten, die in verschiednen Zeiten hörten von Jesus Christ.
4. Gott baut ein Haus, das lebt; er sucht in allen Ländern, die Menschen zu verändern, wie's dafür passend ist.
5. Gott baut ein Haus, das lebt, er gibt auch dir das Können, lässt dir den Auftrag nennen, damit du nützlich bist.

T und M: Waltraud Osterlad
Rechte unbekannt

Lesung (nach 1 Petr 2,4–5)

Kommt zu ihm, zu Jesus Christus. Er ist der feste Stein, der von Gott auserwählte Grundstein, das Fundament. Lasst euch als lebendige Steine aufbauen zu einem geistigen Haus, zum sichtbaren Haus Gottes in der Welt. Lasst euch aufbauen zu einer heiligen Gemeinschaft, die Gott und den Menschen dient.

Thematische Erschließung 2a

L spricht:
Wir sind lebendige Steine im lebendigen Gottes-Haus. Wir sind nicht tot oder leblos, wir sind aus Fleisch und Blut, haben Hände und Füße, Augen und Ohren, Herz und Verstand.
Mit unseren Händen können wir bauen, anderen helfen, andere trösten und umarmen.
Mit unseren Füßen können wir laufen und springen, rasten und ruhen, zu Menschen gehen, die unsere Hilfe brauchen.

Die 1. Strophe des Liedes »Ein Haus aus lebendigen Steinen« wird gesungen.

Lied: Ein Haus aus lebendigen Steinen CD/MC 11

2. Mit den Augen lachen, weinen,
tief in Menschenherzen scheinen
und bestaunen unser Himmelszelt.
Mit den Ohren leise lauschen

Vogelstimmen, Bäumerauschen
und dem Wort, das uns von Gottes Reich erzählt.

Refrain

3. Mit Verstand erforschen, fragen,
Großes denken, Neues wagen,
Gottes Spuren suchen in der Welt.
Mit dem Herzen Freude teilen,
Wärme schenken, Wunden heilen,
spüren die Liebe, die uns trägt und hält.

Refrain

T und M: Wilfried Röhrig
Aus: CD/MC Viele bunte Fäden
Rechte: rigma Musikverlag, Viernheim

Thematische Erschließung 2b

Gespräch/Austausch:
Mit den Augen können wir Gottes tolle Welt erkunden, wir können weinen und trauern, wir können eine Brücke zu anderen schlagen.
Mit den Ohren können wir Stimmen und Töne hören, können in die Stille lauschen.

Die 2. Strophe des Liedes »Ein Haus aus lebendigen Steinen« wird gesungen.

Thematische Erschließung 2c

Gespräch/Austausch:
Mit dem Herzen können wir andere verstehen, können spüren, was gut und böse ist.
Mit dem Verstand können wir erforschen, nachdenken, neue Ideen entwerfen.

Die 3. Strophe des Liedes »Ein Haus aus lebendigen Steinen« wird gesungen.

Fürbitten

Herr Jesus Christus, deine Liebe hält uns zusammen. Dein Geist erfüllt unsere Herzen. In dir dürfen wir lebendige Bausteine sein. Wir bitten dich:

Lass uns lebendige Bausteine sein mit unseren Händen und Füßen.
Christus, höre uns. Christus, erhöre uns.

Lass uns lebendige Bausteine sein mit unseren Augen und Ohren.
Christus, höre uns. Christus, erhöre uns.

Lass uns lebendige Bausteine sein mit unserem Herzen und unserem Verstand.
Christus, höre uns. Christus, erhöre uns.

Lass uns lebendige Bausteine sein mit unseren Worten und unseren Taten.
Christus, höre uns. Christus, erhöre uns.

Vater unser

Gebet

Guter Gott, wir danken dir für deine Nähe.
Wir danken dir für dein Wort,
mit dem du uns auf dem richtigen Weg führen willst.
Wir dürfen Bausteine in deinem Haus, der Kirche sein.
Das ist eine große und wertvolle Berufung.
Lass unsere Verbundenheit mit dir und untereinander wachsen.
Amen.

Segen

Lied: Komm, Herr, segne uns
(Schwerter Liederbuch 91)

12 Leih mir deine Flügel

Alter: 6–12 Jahre

Thema:
Freude des Neubeginns, Neuanfangs: Neuer Tag, Frühling, Ostern

Bibelstelle:
Mt 28,1–8 par. Die Botschaft des Engels am leeren Grab

Hinführung

Neu beginnen, neu anfangen – das ist eine wichtige Erfahrung unseres »alltäglichen« Lebens:
Nach Nacht, Schlaf, Dunkelheit kommt ein neuer Morgen, ein neuer Tag; auf den Winter und »Winterschlaf« folgt der Frühling, das Wiedererwachen der Natur. Das erfüllt uns mit Freude, Begeisterung und Schwung. Wir fühlen neue Kraft.
Auch wenn die »Naturgesetze« hier nicht gelten, die *Auferstehung Jesu* sich nicht »zwangsläufig« aus dem Karfreitagsgeschehen ergibt, sind beide Erfahrungen (Neubeginn des Tages/Neubeginn der Natur) doch ein möglicher Zugang zur Erfahrung der ersten Zeuginnen und Zeugen der Auferstehungsbotschaft: Trauer und Schmerz über den Tod Jesu wandeln sich durch die Botschaft des Engels in Freude und Hoffnung.
Hier liegt dann auch der Schlüssel für eine *Aktualisierung*: Die Osterbotschaft »Jesus lebt! Er ist bei uns, in uns, unter uns!« kann uns hier und heute Hoffnung, Zuversicht, Freude schenken. Durch sie kann Gott uns Leichtigkeit und Lebendigkeit verleihen. Lassen wir uns von Gott beflügeln!

Materialien

- Großer Schmetterling aus Pappe und viele kleine Schmetterlinge aus Papier (zum Selbstausschneiden und Selbstanmalen).

Lied: Ein neuer Tag ist da
(Schwerter Liederbuch 248)

Gebet

Herr, ich werfe meine Freude
wie Vögel an den Himmel.
Die Nacht ist verflattert,
und ich freue mich am Licht.
So ein Tag, Herr, so ein Tag!

Herr, ich bin fröhlich heute
am Ostermorgen.
Die Vögel und Engel singen,
und ich jubiliere auch.
Das All und unsere Herzen
sind offen für deine Gnade.

Ich fühle meinen Körper und danke.
Die Sonne brennt meine Haut, ich danke.
Herr, ich freue mich an der Schöpfung
und dass du dahinter bist
und daneben
und davor und darüber und in uns.

Herr, ich werfe meine Freude
wie Vögel an den Himmel.
Ein neuer Tag, der glitzert und knistert,
knallt und jubiliert von deiner Liebe.
Jeden Tag machst du. Halleluja, Herr.

Aus Westafrika

Thematische Erschließung 1a: Körpererfahrung

L spricht:
Ein neuer Tag hat angefangen. Wir sind hier versammelt zum Gottesdienst. Wir haben ein Gebet gehört von Christen aus Afrika.
Wie geht es uns heute, an diesem Morgen?
Wir wollen das jetzt zusammen erleben.

Ich sitze ganz entspannt auf meinem Platz.
Ich schließe die Augen.
Meine Hände liegen ganz leicht auf meinem Schoß.
Mein Atem geht ganz ruhig ein und aus.

Ich stelle mir vor: ich schlafe,
ich träume, ich ruhe mich aus ...
Da, auf einmal, ganz sanft und leise
geht in der Ferne die Sonne auf.
Erste Sonnenstrahlen fallen auf mein Gesicht ...
Allmählich wird es hell ...
Ich öffne langsam meine Augen.
Ich weiß: Die Nacht ist vorbei.
Ich recke und strecke mich,
ich gähne nochmals richtig tief und fest,
ich wische mir den Schlaf aus den Augen,
ich stehe auf
und fühle mich leicht und beschwingt,
wie ein Schmetterling gehen meine Arme auf und ab.
Ich fliege in den Tag ...

Die 1. Strophe des Liedes »Leih mir deine Flügel« wird gesungen.

Lied: Leih mir deine Flügel CD/MC 13

2. Winterweiß lag sanft auf Häuserdächern,
Winterzeit in karger Winterwelt.
Langsam keimt und sprießt im Erdenboden
das Leben, das das Licht der Welt ersehnt.
Frühlingszeit, Hoffnungszeit,
ein Neubeginn;

mein Herz blüht auf, ich atme frei,
meine Seele singt:

Refrain:
Bunter Schmetterling, leih mir deine Flügel!
Trag mich durch die Welt, trag mich durch die Zeit!
Flieg mit mir dahin über Berge und durch Täler!
Tanz mit mir ein Lied in deinem Frühlingskleid!

3. Todesnacht, ein Stein ruht vor dem Grabe,
Todesmacht die schweren Herzen quält.
Vor dem Grab ein lichter Himmelsbote:
Das Grab ist leer, und Jesus, ja er lebt!
Freudenfest einer neuen Zeit,
ein Neubeginn;
mein Herz blüht auf, ich atme frei,
meine Seele singt:

Refrain:
Bunter Schmetterling, leih mir deine Flügel!
Trag mich durch die Welt, trag mich durch die Zeit!
Flieg mit mir dahin durch Tage und durch Nächte!
Tanz mit mir ein Lied in deinem Osterkleid!

T und M: Wilfried Röhrig
Aus: CD/MC Viele bunte Fäden

Thematische Erschließung 1b: Körpererfahrung

L spricht:
Es ist Winter. Draußen ist es eisig kalt, Schnee bedeckt die Erde.
Ich stelle mir vor:
Ich bin eine Blumenzwiebel.
Ich ruhe in der Erde,
klein, verschlossen, zusammengekauert.
Es ist dunkel,
es ist kalt.
Schon viele Wochen liege ich hier
und warte und warte ...
Wann kommt endlich der Frühling,
wann wird es endlich warm,

wann kann ich nach oben zur Sonne? ...
Da, auf einmal knistert die Erde um mich herum,
sie wird locker.
Ich kann mich leicht zur Seite bewegen,
ich kann mich langsam ausdehnen,
ich kann nach oben wachsen,
kann den Boden durchdringen,
spüre die Sonne
und die herrliche Frühlingsluft.
Ich könnte springen vor Freude,
ich könnte tanzen und singen,
ich könnte fliegen
wie ein kleiner bunter Schmetterling ...

Die 2. Strophe des Liedes »Leih mir deine Flügel« wird gesungen.

Evangelium (nach Mt 28,1–8)

Es war am ersten Tag der Woche, dem Tag nach dem Sabbat. Maria aus Magdala und die andere Maria kamen in der Morgendämmerung herbei, um nach dem Grab Jesu zu sehen. Da vernahmen sie ein heftiges Erdbeben. Und mit einemmal war der Stein vor dem Grab weggewälzt. Ein Engel, ein Bote Gottes, saß mit leuchtendem Gewand vor dem Grab. Er sagte zu ihnen: Fürchtet euch nicht! Ihr sucht Jesus, den Gekreuzigten. Er ist nicht hier, denn er ist auferstanden, wie er gesagt hat. Er lebt! Geht schnell zu den Jüngern und sagt ihnen: Jesus ist auferweckt worden. Er geht euch voraus nach Galiläa. Dort werdet ihr ihn sehen. Sogleich verließen die beiden Frauen das Grab. Betroffen und in großer Freude eilten sie zu seinen Jüngern, um ihnen die frohe Botschaft zu verkünden

Thematische Erschließung 2

L spricht:
Stellt euch vor, wir gehören zu den Jüngerinnen und Jüngern Jesu. Wir haben das schreckliche Ende miterlebt: Jesu Tod am Kreuz. Jesus ist nicht mehr bei uns, er ist tot.
Wie geht es uns? Welche Gedanken und Gefühle bewegen uns?

Antworten zusammentragen.

Stellt euch vor, wir hören wie die beiden Frauen die Botschaft des Engels am Grab: Jesus ist auferstanden! Er lebt!
Wie geht es uns? Welche Gedanken und Gefühle bewegen uns?

Antworten zusammentragen.

Die 3. Strophe des Liedes »Leih mir deine Flügel« wird gesungen.

Fürbitten

Herr Jesus Christus, du bist nicht im Tod geblieben. Gott hat dich auferweckt, du lebst und bist uns nahe. Zu dir wollen wir rufen:

Allen, die niedergeschlagen und mutlos sind, schenke Flügel der Zuversicht.
Christus höre uns. Christus erhöre uns.

Allen, die das Leben als grau und eintönig empfinden, schenke Flügel der Freude.
Christus höre uns. Christus erhöre uns.

Allen, die unter ihrer Schuld und ihrem Versagen leiden, schenke Flügel der Hoffnung und des Gottvertrauens.
Christus höre uns. Christus erhöre uns.

Allen, die dich aufrichtig suchen, schenke Flügel der Fantasie auf dem Weg zu dir.
Christus höre uns. Christus erhöre uns.

Allen, die wenig Ruhe finden in ihrem Herzen, schenke Flügel der Gelassenheit und Zufriedenheit.
Christus höre uns. Christus erhöre uns.

Vater unser

Gebet

Gelobt seist du, Schwester Schmetterling,
du erscheinst mir als das leichteste aller Geschöpfe,
weil du dich von Blüte zu Blüte schwingst,
du lehrst alle, die dich betrachten,
mit großer Leichtigkeit sich zu bewegen,
du liebst das Licht,

und die Pracht deines Gewands
ist wie aus lauter Licht gebildet,
du saugst die Sonne in deine Flügel
und verwandelst ihre Strahlen in leuchtende Farben,
in Farben des Lebens, der Freude, der Hoffnung.
Gelobt seist du, Schwester Schmetterling.
Amen.

Wolfgang Dietrich

Segen

Lied: Dir will ich singen, spielen, tanzen (Refrain und 3. Strophe)
siehe Seite 14

Verzeichnis der abgedruckten Lieder

Die kursiv gedruckten Lieder sind auf der CD/MC »Viele bunte Fäden« zu finden.

Notizen

Notizen